《政法学刊》学术文库

《变革中的现代警务研究》

编委会名单

《政法学刊》学术文库

张连举　主编

BIANGEZHONGDEXIANDAIJINGWUYANJIU

变革中的现代警务研究

暨南大学出版社
JINAN UNIVERSITY PRESS

中国·广州

图书在版编目（CIP）数据

变革中的现代警务研究/张连举主编. —广州：暨南大学出版社，2013.12
（《政法学刊》学术文库）
ISBN 978－7－5668－0888－2

Ⅰ.①变…　Ⅱ.①张…　Ⅲ.①公安工作—中国—文集　Ⅳ.①D631－53

中国版本图书馆 CIP 数据核字(2013)第 298734 号

出版发行：暨南大学出版社

地　址：中国广州暨南大学
电　话：总编室（8620）85221601
营销部（8620）85225284　85228291　85228292（邮购）
传　真：（8620）85221583（办公室）　85223774（营销部）
邮　编：510630
网　址：http：//www.jnupress.com　http：//press.jnu.edu.cn

排　版：广州市天河星辰文化发展部照排中心
印　刷：佛山市浩文彩色印刷有限公司

开　本：787mm×960mm　1/16
印　张：10
字　数：160 千
版　次：2013 年 12 月第 1 版
印　次：2013 年 12 月第 1 次

定　价：28.00 元

前　言

《政法学刊》是广东警官学院主办的学报，也是广东唯一一家正式公开出版的法学学术期刊，该刊于1984年创办，是全国公安院校率先获准公开发行的期刊。《政法学刊》坚持以社会主义理论为指导，坚持正确的办刊方向，立足广东，面向全国，理论联系实际，注重学术性、应用性，力求学术品位与应用价值兼备，倡导理论探索与实战研究并举，紧扣时代热点，不断创新，取得了良好的社会效益。

《政法学刊》一直注重建设自己的特色栏目。自1984年创刊就开设了“司法实践”、“公安实务”栏目，栏目先后的名称沿革为“警学论丛”、“公安论坛”、“警学论坛”、“公安社会管理”等，从1993年开始，成为固定栏目的“警学论坛”侧重研究中国当前公安工作规律和公安工作对策。对公安学基础理论（公安法学、公安社会学、犯罪学、公安管理学、警民关系学、警察法制、比较警察学）和公安专业学科（国内安全侦查学、刑事侦查学、保卫学、安全防范学、治安管理学、警卫学、户籍学、交通管理学、消防管理学、审讯学、看守学）有关的问题进行深度探讨。“警学论坛”以马克思主义的立场、观点和方法指导哲学社会科学研究，理论联系实际，反映公安学研究成果，为公安实践服务。栏目中的文章关注公安工作的热点难点，注重原创，立论中肯，材料翔实，条理清楚，学风严谨。

二十多年来，该栏目所刊发文章多次被《新华文摘》、《全国高等学校文科学术文摘》、《中国人民大学报刊复印资料》和《中国社会科学文摘》等刊物全文或摘要转载。

为了总结“警学论坛”栏目在建设过程中所取得的成就，《政法学刊》编辑部从历年刊发的文章中挑选出有较大影响的文章汇编成“《政法学刊》

学术文库”陆续出版。希望从“《政法学刊》学术文库”中反映在改革开放、社会转型和全球一体化背景下，广大警务研究者对中国公安实践中的问题，结合中国的文化语境，以多维理论和“鲜明的问题意识”观照中国本土的公安实践，理论与实践相结合，实证分析研究和理论阐释相结合，推进中国警务研究的发展进程。

改革开放以来，也是中国逐步建立和完善社会主义市场经济体制的过程。伴随着社会经济转型，各阶层在政治、经济、社会、文化、法律等领域有不同的利益诉求，对社会秩序和社会稳定产生深刻的影响，也对公安工作提出新的要求。公安工作必须把握市场经济与社会稳定的内在联系，这也是警务研究乃至公安工作的起点。如《市场经济与社会稳定》一文便指出了市场经济从根本上是一种有利于社会稳定的经济形式，但是市场经济的竞争本性、价值规律、货币、商品与劳动力的自由流动导致的经济波动、破产、失业、贫富悬殊、拜金主义等影响着社会稳定、社会公共安全。公安工作必须认识到在市场经济建立、完善时期，上述社会安全问题是从市场经济中产生的，具有长期性。公安机关必须适应市场经济条件下比以往增多的社会矛盾和不安定因素，树立为维护稳定作长期斗争的观念，要从公安机关的职能出发，缓和冲突，把冲突保持在秩序的范围以内，这是市场经济条件下维护稳定的长期任务。

市场经济的本性也对公安工作中走群众路线提出了新的要求，加入了新的内涵，催生新的群众工作模式如治安承包、保安服务公司等。

在改革开放过程中，社会治安和社会秩序都在发生变化，在某些时候不同的利益诉求会发生强烈的对抗。如市场经济中人员的自由流动、竞争机制、法律法规的不完善等助长了黑社会犯罪（包括境外黑社会的渗透）、流窜犯罪、团伙犯罪、绑架勒索犯罪等。警务研究必须关注这些恶性犯罪现象并予以认真的研究。

伴随着世界知识经济的发展，通过侵犯知识产权牟取暴利，将是犯罪分子关注的新领域。由于历史的原因，我国知识产权制度建设起步较晚，把严重侵犯知识产权行为作为犯罪处理，也只有二十多年的时间。社会公众保护知识产权的意识不强，保护知识产权相关部门知识、经验不足，知识产权保护工作较为落后，配套的法律制度也不完备，加上我国经济领域中有失规范的现象严重，使犯罪分子有机可乘。我国入世后在一个相当长的时期内，知识产权犯罪总量将不断增多。知识产权犯罪属于智能型、高科技型犯罪，侦查过程涉及的知识面相当广泛，而现有的侦查人员素质普遍偏低。为此，有必要加强侦查人员队伍建设，全面提高素质。一是组建保护知识产权的专业警察队伍，避免多头管理，各警种、部门互相推诿、扯皮现象；二是加强培训，全面提高侦查人员素质。三是加强引进知识产权人才、高科技人才和外语人才，充实侦查队伍。

另外，随着计算机技术的飞速发展和网络技术的普及，特别是INTERNET的广泛应用，人类社会进入了信息化时代，人类既有的社会经济结构、价值观念和生活方式都发生了深刻的变化。但是，非法入侵他人计算机信息系统，故意制作、传播计算机病毒，利用计算机实施金融诈骗、盗窃、贪污、窃取国家秘密等计算机犯罪活动也频频发生，甚至危及到国家和地区的安全。维护计算机信息系统的安全和防范、打击计算机犯罪是世界各国关注的重要问题，也是一个十分复杂的课题。公安机关应掌握我国在信息网络化进程中计算机犯罪的特点，充分发挥公安机关公共网络安全监察部门的职能，加强信息网络安全管理，提高网络安全防范技术，提高办案能力。

公安机关在加强对各类违法犯罪防控的同时也在逐步建立具有中国特色的现代警务制度，实现中国警务的现代化，这就必须了解现代国际警务制度。现代警务制度是指西方启蒙运动以来，国际社会中“以人的自由权利为中心”的价值体系构建的各种警察行为规范。其特征主要表现在现代国际警务制度的价值取向和警察权力设置、警察职责定位、警务行为制度、警务行为监督、警务效果评价等方面。建立现代警务制度的理论研究和实践离不开对域外警务制度的借鉴。港澳地区的警务制度是走出去观察的首选窗口。

公安民警是建立现代警务制度的主体。素质优良的警察队伍是现代警务制度成功建立的关键。从文化角度入手，加强警察文化认同也是提高警察队伍素质的有效途径。要界定警察文化的内涵、外延，认识警察文化的正面影响（正文化）和负面影响（负文化），弘扬警察正文化，遏制警察文化的负面影响（负文化）。针对广大警察队伍的现状，加强警察文化认同，加强警察的教育培训如课程设计规划、管理也是提高警察素质、建立现代警务制度的一个有效途径。

以上便是本辑《变革中的现代警务研究》的主要内容和编选原则，这里既有理论阐释，也有现象分析，还有对现代警务制度的设计、规划，犯罪学学科和警察文化建设的思考。这些也反映现代警务研究开放、不断变革的特点。另外，书中的一些观点与表达现在看来有些是值得商榷的，但在汇编的时候，为保持原文的历史性和表达的一致，我们不做修改。

本书的出版是广东警官学院科研处规划的科研工作之一，由科研处《政法学刊》编辑部具体组织实施。广东警官学院科研处处长陈普宪对本书的出版进行了悉心的规划与指导，《政法学刊》主编张连举负责整套“《政法学刊》学术文库”的策划与编选工作，《政法学刊》编辑部的林衍负责全书的统稿、编校工作，韩静、马睿编校了本书的文稿。

本书的出版得到暨南大学出版社的大力支持，人文社科分社的潘雅琴女士对书稿运作中的各个环节提出了许多宝贵的建议，以保证本书的出版质量。在此，一并致谢。

广东警官学院《政法学刊》编辑部
二〇一三年十二月

目　录

警务制度与管理

警察文化与教育

市场经济与公安工作

市场经济与社会稳定

——再论改革开放前沿的社会稳定问题

李竹生

在党的建设有中国特色社会主义理论的正确指引下，我国社会主义社会出现了前所未有的繁荣与发展。但是，以市场经济为导向的改革，又使我国的社会稳定状况发生了变化，出现许多新情况、新问题。市场经济建立同我国社会稳定有什么联系？它对社会稳定起着哪些作用？有哪些好的作用，又有哪些不好的作用？这些问题是国家维护社会稳定的重要职能部门——公安机关所不能不研究、不能不回答的。本文立足于广东实践，就这些问题作一点粗浅的理论探析。

一、市场经济是从根本上有利于实现我国社会稳定的经济形式

无论理论和实践都已经充分证明，市场经济体制同计划经济体制相比较，是一种更能促进生产力发展的经济形式。历史的逻辑是传统的计划经济敌不过现代市场经济。我们选择市场经济，通过改革建立市场经济，是经过数十年社会主义经济建设和对社会主义经济理论认识后作出的历史选择。

市场经济这种经济形式，承认并突出不同市场主体的利益，能最充分、最有效地调动人的主动性、积极性；通过竞争规律的作用，既能产生强大的内在动力，又能产生强大的外在压力；通过供求规律的作用，能够最灵敏地反映出表现为市场需求的社会需求；通过价值规律的全部作用，能够实现社会资源的最优配置。这一切，使市场经济成为迄今人类所能认

识到的促进生产力发展的最佳经济形式。这点，在我国改革开放后，市场经济体制逐步取代计划经济体制过程中，已经充分表现出来。以改革开放先行的广东为例，十五年来，由于它事实上一直就是以市场经济为导向进行的经济改革，经济获得飞速发展，被誉为世界上经济发展最快的地区之一。广东的成就是市场经济更能促进生产力发展的有力证明。经济的迅速增长和发展，从根本上促进了社会稳定。它既提供了较强大的物质条件，又创造了较为良好的社会心理条件，使我们能够较好地协调社会各阶级、阶层、群体之间的利益：社会矛盾或减少了，或缓和了，或能够较好地控制了。比如我们能拿出较多的力量扶贫，逐步缩小地区发展和收入的差距。我们能够不断增强同犯罪斗争的人力、物力和技术手段等，使我们控制犯罪的能力和水平提高，同改革开放现代化基本适应。这就使社会获得一个安定的环境，反过来又促进生产力进一步发展，逐步形成发展—协调—进一步发展—更协调的良性循环。广东在改革发展中获得的稳定，是经受了严峻历史考验的。在 1989 年那场政治风波中，它没有出现大的动乱，少数动乱分子找不到什么“市场”。十多年来，伴随着经济发展而成倍增长的刑事犯罪活动，也没有影响它的稳定发展，我们能有效控制治安大局，适应改革开放的需要。去年广东又出现百年不遇的大水灾，范围几乎遍及全省，但这既没有影响它蓬勃发展的势头，也没有影响治安和社会稳定。广东的稳定局面完全可以证明，市场经济是从根本上有利于实现我国社会稳定的经济形式。

纵观人类社会历史，既有不稳定不发展的状态，也有发展不稳定的状态，还有稳定不发展的状态，以及既发展又稳定的状态。在这四种状况中，第四种显然是最佳状态。十五年来，我们在以市场经济为导向的改革中获得稳定的状态，正是这种既发展又稳定的状态，它使我国的生产力、人民生活、社会发展都提高到一个新的水平。我国已经从农业社会逐步向工业社会转变，从传统社会逐步向现代社会转变。我国的社会稳定已进入一个更高的层次。

二、市场经济的本性又必然带来许多影响社会稳定的问题

客观上不存在十全十美的事物，也不存在十全十美的经济形式。市场

经济形式虽然是我们现在所能认识到的最佳选择，但它也不是十全十美的。就它同社会稳定的关系来看，同传统的计划经济体制相比，它又是一种会带来较多社会矛盾的体制。众所周知，社会不稳定的根源，就是社会矛盾。社会矛盾的增多和复杂化，必然带来不稳定因素的增多。这正是我们在建立市场经济过程中要面对的现实。

毫无疑问，社会矛盾和社会不稳定并不是仅由市场经济带来的，而是由经济基础、上层建筑，国内、国际的全部状况共同决定的。但是，以市场经济为目标的改革是基础方面的改革，不能不牵动经济基础和上层建筑各个领域，引起社会关系和社会结构的变化，从而引起社会矛盾增多和复杂化。我们从市场经济的本性中，可以找到其间的关联。

（1）市场经济是建立在利益多元化基础上的经济。它以承认多元利益主体为前提，反过来又会强化多元主体的利益。这使市场经济在任何时候都具有发展经济的强大内在动力，推动经济蓬勃发展。但是，这种以个人利益和局部利益为动机的经济活动，在大利大干、小利小干、无利不干的驱使下，也必然造成利益主体之间的摩擦、冲突。

（2）竞争是市场经济的必然规律。市场机制也就是竞争机制。竞争的原则是优胜劣汰，它迫使企业不断改善，技术不断进步。这是市场经济比之传统计划经济更有效率、能有更高的劳动生产率的内在原因所在。但是，优胜劣汰必然使一部分企业破产，破产企业工人随之失业。即使没有破产的企业，处于严峻的市场竞争压力之下，为求更高效率，也会设法裁减人员，导致部分工人失业。竞争的残酷甚至会使某些企业不择手段，直接产生犯罪行为。

（3）市场经济需遵循价值规律，即按社会必要劳动时间形成价格。这个价格不按单个企业生产中实际付出多少劳动，都“一视同仁”，“铁面无私”。这样，个别劳动时间少于社会必要劳动时间的，就可以多收益、多赚钱；而个别劳动时间多于社会必要劳动时间的，就只能少赚钱，甚至亏本。同竞争规律一样，市场经济这种本性迫使企业改进技术，改善经营管理，提高效率。但是，客观上不同地区、企业、主体的生产条件是各不相同的，这就必然出现它们之间收入的悬殊，形成社会分配不公。

（4）市场经济是货币经济。它借助货币这个一般等价物实现流动、运转。在市场上，只要有了货币就可以买到一切，就可以获得一切。货币这种“万能”作用，使某些人产生“金钱至上”、“拜金主义”的意识。这是产生许多影响稳定的社会弊端的重要经济思想根源。

（5）市场经济的基本要求是自由流通。企业自由进入市场，生产要素自由结合，商品自由流通，价格自由认定等等。这种人财物的自由流动，是市场经济比计划经济体制能更好配置资源的重要原因。但是，它不仅同时伴随着自发性、盲目性，出现超出市场需求的劳力、商品、资金等，也必然出现种种破坏社会稳定的势力，可资利用的空隙、漏洞。

上述因市场经济本性而产生的经济波动、破产、失业、贫富悬殊、拜金主义、社会生活充满漏洞等等缺陷，使它必然带来许多影响社会安定的问题。它同市场经济的优点是共生的。这类情况，在我们建立市场经济过程中也已经有了表现。突出的是：

第一，不同利益主体的矛盾冲突大量增多。在城镇，突出的是“三资企业”、“三来一补企业”劳资矛盾冲突。从利益出发，资本家总想从工人身上多拿一点。不少企业采取加强劳动强度、拖欠工人工资、实行苛刻管理等办法加重剥削，由此不断引发工人罢工事件。在农村，突出表现为土地、山林、滩涂市场化引起的利益冲突，由此不断引发上访、请愿、闹事甚至群体性纠纷械斗。

第二，刑事犯罪活动增多。在市场经济下，经济蓬勃发展的同时又产生上述一类社会弊端：财富大量增长的同时又出现许多空隙、漏洞，这就使犯罪的发展成为某种必然，出现与市场经济条件相对应的犯罪行为。现在，广东的刑事犯罪立案，已从过去以万为年计算单位，发展到以十万为年计算单位。犯罪的流动性、暴力性、有组织性，后果的严重性等都在发展。

第三，国内外敌视和反对社会主义势力的渗透破坏活动更加复杂了。它们充分利用市场经济固有的自由性、流动性，利用广东这个我国联结国际市场和国内市场的重要桥梁，和两个市场间的物流、人流、资金流、信息流，在合法形式掩护下加紧渗透破坏活动。随着我国、我省市场国际化程度不断提高，这方面的社会不稳定因素显然将更突出、更尖锐复杂。

这类由市场经济本性中带来的不稳定问题，不是短暂现象，即使市场经济体制完全建立以后也会存在。市场经济较之计划经济体制必然产生更多的社会矛盾和社会不安定问题，连资产阶级学者也十分明确这一点。德国经济学家勒舒就说："在市场经济动态中，相对于不愁破产或失去工作岗位的计划经济而言，不可避免地有许多不稳定。"这是一种必然。当然，我们所要建立的是社会主义市场经济，我们将扬长避短，把市场和计划两者结合起来运用，能够避免资本主义市场经济某些弊端。但是，市场经济的优劣、长短总是共生共存的，要它没有缺陷是不可能的。我们既然选择市场经济，就不能要求社会矛盾和社会稳定状况回到计划经济体制那种状态。

三、从计划经济体制向市场经济体制过渡，是影响社会稳定问题增多的时期

我国正处在从传统计划经济体制向市场经济体制的过渡时期。我们实现这个过渡，是在国家力量直接推动组织下，采取渐进改革的方式来进行的。这个特点，使我国改革循序渐进，稳步前进，在战略全局上改革、发展、稳定相互促进。我们改革的成就举世瞩目。但是，也正由于这个特点，我国的改革要有一个较长的过渡时期，产生许多过渡期特有的不稳定问题。

社会稳定就其一般含义和要求来说，是社会的有序发展，社会成员个人生活具有确定性，能按部就班地劳动、交往、活动。变革时期，旧有的秩序被打破，而新的秩序又未完全建立起来，必然出现某种混乱、无序。变革本身就包含着无序。变革的过渡时间愈长，无序的时间也会愈长。在这期间，由于社会关系重组，一部分社会成员的生活也必然欠稳定。因此，过渡时期必然是社会矛盾和社会不稳定因素增多的时期。从改革开放以来的实践看，以下三类问题中产生的社会矛盾和社会不安定因素，是我国计划经济向市场经济过渡期特有的现象：

第一，由两种体制并存产生的问题。在过渡时期，旧的指令性计划调节体系已经破除，而新的市场经济的调节体系又未完全建立起来，经济运行处在双轨制中。市场经济的长处虽然已经表现出来了，但是两种体制的弊端又都同时存在，而且出现大量空隙、漏洞。这是我国当前特有的权力进入市场，以权经商，以权霸市，投机资本猖獗等弊病得以出现的条件。从这些弊病中产生的暴富、腐败、分配不公，诱发的通货膨胀等等，都成

为社会不安定因素增多的重要原因。

第二，由社会利益格局调整、重组产生的问题。计划经济体制变革为市场经济体制，实质上就是改革旧的利益关系，以新的利益关系代替旧的利益关系。经济、资源、权力、文化等都要重新进行分配。一些人的利益要求会在变革中得到满足，而另一些人的利益则会受损。而且，利益调整有先有后，不可能一步到位，一下子定型，也不能排除调整过程中出现不当，需要再调整，这就使利益调整中社会矛盾和不安定因素大量增多。比如，国营企业在打破大锅饭转向市场后，一些企业减产、停产、被兼并，部分工人收入减少，处于失业、半失业状态，从而出现上访、请愿、闹事一类影响安定的问题，就是其中一个突出的表现。但是，我们改革进行的利益调整，最终是要使多数人获益。改革把多数人的积极性充分调动起来，促进生产发展，最终就会实现多数人获益。

第三，由改革不配套产生的问题。我们通过改革要建立的是社会主义的市场经济。“社会主义市场经济体制是同社会主义基本制度结合在一起的。”这是前无古人的事业，许多问题必须通过实践探索才能逐步解决。我们的改革又采取“渐进式”的推进战略，这就决定了改革过程中与改革不配套的问题难以避免。在改革不配套的问题中，市场经济法制不配套是其中一个突出的问题。

在市场经济条件下，多元而复杂的利益关系是通过法律来协调的，所以必须有完备的法制来规范和保障。而制定一套适合我国社会主义市场经济的法规，必须有一个过程。市场经济法制这种不配套的情况，是过渡时期出现许多社会问题不能及时解决的原因，是许多影响社会稳定问题产生的条件。至于经济领域改革不配套的问题，则更是普遍存在。如社会保障体制的不配套，就是现在许多社会不安定现象产生的直接原因。

上述问题产生的社会矛盾和社会不安定因素，在当前是主要的、大量的。由于它产生于特定的时期、特定的条件，可以断言，随着计划经济体制逐步过渡到市场经济体制，双重体制逐步转为单一体制，利益调整完成，新的利益制度通过法律形式固定下来，这类问题将会消除或大为减少，不安定因素比较突出的状态将得到解决。那时，我们不仅从宏观上看是繁荣稳定的；在微观上看，影响社会稳定的问题也会是比较少的。

综合以上探析，对于市场经济与我国社会稳定的关系，我们必须区分三个不同层次的问题。第一个层次是，市场经济从根本上有利于我国社会主义社会稳定。这是它对社会稳定的基本作用。谁要是希望我国繁荣稳定，谁就要坚定搞市场经济。我们只有明确认识市场经济这种根本作用，才能坚定改革信念，更自觉地服务改革，保卫市场经济，完成维护社会稳定的重任。

第二个层次是，市场经济本性又确实会带来许多影响社会稳定的社会矛盾，使治安与社会稳定方面出现许多新情况、新问题。由于这类问题是从市场经济本性中产生的，必然具有稳定性和长期性。公安机关必须适应市场经济条件下多于以往的社会矛盾和社会不安定因素，必须树立为维护稳定作长期斗争的观念。公安机关是国家机器的重要组成部分。国家机器本来就是社会利益矛盾冲突的调节器。恩格斯在论述国家起源时曾指出：国家这种表面上凌驾于社会之上的力量，应当缓和冲突，把冲突保持在“秩序”的范围之内。从公安机关的职能出发，“缓和冲突，把冲突保持在‘秩序’的范围以内”，就是我们在市场经济条件下维护稳定的长期任务。

第三个层次是，从计划经济体制向市场经济体制转变的过渡时期，是社会矛盾和社会不安定因素增多的时期。产生的问题也带有明显的过渡性特征。一旦过渡结束，这类问题就将大为减少以至消除。因此，我们绝不能笼统地把问题归咎于市场经济，不加分析地认为市场经济完全有利于社会稳定，或认为市场经济完全不利于社会稳定。不区分从计划经济体制过渡到市场经济体制时期的问题，与建立起市场经济体制以后的问题，是因为没有真正找到市场经济与社会稳定的内在联系，这不符合实际，也不利于做好市场经济条件下维护治安和社会稳定的工作。

市场经济与社会稳定的关系，是一个十分复杂的问题，需要多学科共同研究才能系统说明。要获得全面的认识，仍待努力。

（本文原载于《政法学刊》1995 年第 1 期）

试论新时期公安工作群众路线的新发展

黄 辉 叶 氢

群众路线是党和政府工作的根本路线，也是我们党根本的领导作风和工作方法。它包括两方面的含义：一是群众的观点，即一切为了群众，一切相信群众，一切依靠群众。二是动员群众，组织群众，领导群众的方法，即从群众中来，到群众中去。

毛泽东同志说："一切工作都要走群众路线，公安工作也要走群众路线。"那么，公安工作如何走群众路线？我们就是要实行党委领导下的专门机关与广大群众相结合的方针。这是党和政府的群众路线在公安工作中的具体贯彻，或者说是具体体现。党中央一贯强调这个问题，而且已逐步将公安工作的群众路线法律化了。在《中华人民共和国警察条例》中，第一条第一句就指出："中华人民共和国警察属于人民。"这就把警察与人民的关系确定下来了。第二条进一步阐明："人民警察必须依靠人民群众，要经常保持同群众密切联系，要倾听群众的意见，接受群众的监督，必须严格遵守宪法和法律，努力为人民服务。"

我们公安工作正是因为坚持走群众路线，才取得了一个又一个的胜利。实践经验证明，公安工作坚持走群众路线是我们的优良传统和法宝。

在党的十一届三中全会的正确路线指引下，我国进入新的历史时期，实行对外开放，对内搞活的政策，社会商品经济逐渐繁荣。这引起了人们思想意识形态、道德观念、价值观念的转变。公安工作的群众路线为了适应新情况、新形势的要求，从指导思想，到工作方法、工作内容，乃至组织形式等各方面都有了许多新的发展。

一、新时期公安机关群众工作逐步纳入民主与法制的轨道

党的十一届三中全会以后，党中央强调指出，今后不再搞大规模的、

急风暴雨式的群众运动，并从法律上废止了“四大”错误做法。这就从指导思想上摆脱了“左”的思想影响。

邓小平同志也说：“历史经验证明，用大搞群众运动的办法，而不是用透彻说理、从容讨论的办法去解决群众性的思想教育问题，而不是用扎扎实实、稳步前进的办法，去解决现行制度的改革和新制度的建立问题，从来都是不成功的。因为在社会主义社会中解决群众思想问题和具体组织制度、工作制度问题，同革命时期对反革命分子打击和对反动制度的破坏，本来是原则上根本不同的两回事。”

目前，公安工作走群众路线，已摈弃了群众运动，而是将群众工作纳入民主与法制的轨道。在一些公安法规中已明确规定了群众路线的具体内容。如《公安派出所组织条例》第五条规定：“公安派出所必须密切联系群众，认真处理人民来信、接待人民来访，并且在居民会议或者居民委员会会议上报告工作，听取人民的批评和建议。”

许多公安基层单位建立起接受群众监督的制度，定期向辖区内的群众报告工作，增加公安工作的透明度。如将“怎样申报户口”、“怎样办农转非”、“怎样申请出境”等制度程序化，明文公布出来，让群众掌握和监督我们的办事程序。

二、公安工作社会化有所发展

社会化在社会学中是指个人通过学习知识、技能和规范，取得社会生活的资格，发展自己的社会性的过程。从这个意义上引申出公安工作的社会化就是，它要求公安工作适应社会不断发展的要求，完善社会治安管理的功能，实现控制社会治安的目标。换言之，公安工作社会化概念就是在公安机关维护社会治安实践中对治安问题、犯罪问题深刻认识的基础上提出来的。

随着新时期商品经济的发展，由于主客观的原因，社会治安出现许多新问题、新情况。各种严重的暴力案件、侵财案件不断增加，各种社会丑恶现象也呈蔓延状态。面对这股犯罪浪潮，公安机关必须深刻认识和努力控制这种新形势下的犯罪，解决社会治安问题，实现社会治安的基本稳定。为此，公安工作必须跟上社会发展的步伐，按照“社会治安社会治”

的指导思想，走出一条适应不断发展变化的社会要求的公安工作的路子，即公安工作的社会化。

公安工作社会化实质上就是公安工作的群众路线在新时期的发展和创新。我们知道，公安机关的基本方针是党委领导下的专门机关与广大群众相结合。公安工作在各项专业工作和业务活动中都必须以群众为基础，从而发挥专门机关和广大群众两方面的积极性。公安工作社会化就是要贯彻这个思想，把两者更紧密地结合起来，使群众工作在新时期新形势下取得新的发展和突破。按照“谁主管，谁负责”的原则，动员社会一切力量参与社会治安工作。

公安工作社会化在新形势下有所发展主要表现在以下几方面：

（1）按照“谁主管、谁负责”的原则，将治安责任制落实到各种社会组织之中，使这些组织除具有本专业功能外，还具有治安功能，初步实现由公安机关维护社会治安向公安机关与社会各方面力量及人民群众共同维护社会治安的转变。

治安责任制落实在社会组织中，主要形式是实行治安责任人制度，发动和依靠群众，开展群防群治。广东省目前参加群防群治的人员有16万人左右。群防群治的组织也在不断健全，城镇有治保会、保安公司，各行各业和街道治安队伍，农村有治守承包队等。

（2）保安服务公司是公安工作社会化的一种新形式。保安服务公司是政府领导下的全民所有制企业，是提供有偿保安服务的经济实体，是一种新兴的社会职业，它在业务上是受公安机关领导的。全国第一家保安服务行业是蛇口保安服务公司，它是1984年底由几名青年企业家仿效香港做法，以民间自行筹办的形式，向国家注册登记，直接为客户提供有偿的保安服务，被人称为中国当代“镖局”。它为外资企业营业性展销提供了强有力的保安服务。目前全省已有28个市县建立了保安服务公司，人员已达8 000多人。保安服务公司适应了新形势的要求，使专门机关与广大群众的结合更加密切。

三、公安工作走群众路线的形式有所发展

近几年来，公安工作更多采用契约形式，即把社会治安任务分成若干

条块，由专人进行责任承包。这种形式使警民双方，单位领导与群众治安人员之间，确立起权利和义务的关系，把治安工作实现群防群治落到实处。如广东省各地的“治安联防警察”与派出所签订合同。他们在社会治安中起的作用就不小，这种多种合同制的治安承包形式，大大减轻了警力不足的压力，而且这种形式更具平等、自愿的意义。

四、警民结合的形式多样化

警民结合的形式不再单一化，而是向多样化发展。各城市建立的警民联络网的作用不断增强，警民共建精神文明的形式不断发展，公安机关改善了群众的报警系统，在主要的公路干线设治安岗亭、执勤点、报警点，接受群众监督做到制度化，做群众工作的语言规范化，为民服务的形式也多样化。如中山市新飞派出所对一些重点户实行特别服务，这些重点户家财多，是被盗重点。派出所组织力量上门安装特别防盗系统，一旦出事，所里马上上门服务。

五、对社会治安实行综合治理，把公安工作群众路线推到一个新的发展阶段

综合治理社会治安的方针同党委领导下的专门机关与广大群众相结合的方针，原则上是一致的。两者都要求调动社会力量，维护社会治安秩序，但是综合治理社会治安的方针又增加了许多新内容。它要求调动社会一切积极因素解决社会治安问题，动员社会各界和广大群众积极参与综合治理，做到“看好自己的门，管好自己的人，办好自己的事”。这一方针是站在党委和政府的高度上提出如何发动社会力量解决治安问题的。社会治安综合治理已列入各级党委、政府的议事日程，纳入国民经济和社会发展规划，做到事情有人管、问题有人抓、责任有人负，这一方针还强调了各组织、团体之间的协调问题，强调综合发挥一切治安积极因素的总体功能，从而使群众路线高度科学化。广东省去年初的“打流窜、破大案、挖团伙”打击行动，年中的“打击入屋盗窃、反内盗、打击车匪路霸、反走私、打击拐卖妇女儿童犯罪、扫黄、禁毒”等专项斗争，秋季的“破大

案、反盗窃、打车匪、抓流窜、挖团伙、追逃犯”打击行动等，都在社会各界和广大群众的积极支持、参与下，取得了显著成绩，对稳定社会治安起到了积极的作用。

总之，新时期公安工作群众路线从指导思想到组织形式、工作内容等各个方面都发生了许多变化，有了许多新的发展。只有认识到这种发展，我们才能在新形势下不断坚持走群众路线，我们公安工作才能立于不败之地。

（本文原载于《政法学刊》1992年第3期）

保安服务公司的性质与任务浅探

宾　诚　黄素娥

随着改革开放不断深入和“四化”建设的迅速发展，一种新型的特殊行业——保安服务公司在我国应运而生。自1984年底我国第一家保安服务公司在深圳市蛇口工业区成立以来，这种公司像雨后春笋一样迅速发展，他们在为客户承担安全服务和维护社会治安秩序等方面起了较好的作用，很快为社会所瞩目，为人们所信任。目前，广东省已有十个城市办起了32家保安服务公司，拥有保安人员5 500多人，为3 600多家客户提供服务，几年来在执行任务中抓获各种违法犯罪分子4 900余人，协助有关部门破获刑事案件398宗，查处治安案件1 646宗，发现隐患4 000余处，对预防犯罪、防止治安灾害事故的发生起到了重要的作用。

一、保安服务公司是改革开放新形势下的必然产物

保安服务公司是公安机关搞好安全保卫工作的一支辅助力量，是新形势下公安工作走群众路线的一种具体体现。随着经济改革的深入发展，它的作用将会显得越来越重要。

保安服务公司的产生是符合我国社会主义初级阶段国情的。人民公安机关的主要职责是，对威胁国家安全的政治势力实行镇压；对危害社会、危害广大社会成员的普通刑事犯罪分子进行惩罚与制裁，以保卫人民生命财产的安全，为社会生产和群众生活创造安定的社会环境和有利条件。为了完成这一神圣任务，公安部门必须实行“专门机关与广大群众相结合”的方针。公安工作必须走群众路线，新中国成立以来我们公安工作一直坚持这一光荣传统，而且已经创造了丰富的实践经验，如五十年代初期发展起来的治保会，六七十年代的治安联防，八十年代初期的治安承包，以及

近期普遍建立的治安专业队等都是依靠群众力量搞好社会治安的形式。这些形式在一定历史时期都起过重要作用。

改革开放后，商品经济飞速发展，旅游业兴旺，带来了人、财、物的大流动，大批农村人口涌入城市，“三来一补”企业、内联企业和第三产业不断增加，社会上的集市贸易、群众集会、营业性的大型文体活动增加，有的地方管理措施跟不上，各种危害社会治安的问题不断发生，有些过去已经绝迹的社会丑恶现象死灰复燃，给社会治安带来很多新的问题。单靠原来逐渐老化，且量少质弱的治保会义务性地去维护社会治安已很不适应。公安干警队伍这几年来虽有所加强，但与现在的形势要求相比，也已经很不适应。为了解决治安保卫工作的需求矛盾，蛇口工业区仿照香港和国外私人保安服务公司采取有偿服务，取得了成功的经验，为解决新形势下治安保卫工作出现的需求矛盾找到了新路子。

根据社会主义价值规律和按劳分配的原则，在我国现阶段采取保安工作有偿服务的做法是可行的。这种由客户与保安服务公司签订合同，将本单位的安全保卫工作交由保安公司负责，由保安公司派出保安人员去履行合同义务，客户付给一定的报酬的做法，合情合理，符合社会主义按劳付酬的原则，而且这样既符合经济核算又能提高安全系数。在商品经济发展的今天，人们已具有接受有偿服务的意识和实力。通过改革的实践，已使绝大部分企业单位的领导和职工认识到企业的发展、企业的经济效益与企业的安全是紧密相连的，企业的经济效益与社会效益也是一致的，只有安定的社会环境才能搞好开放、改革，只有安全的企业才能生存和发展，这已为有识的企业界人士与广大群众所认同。这种有偿服务的保安活动，为我们公安保卫工作依靠群众，走群众路线增添了新的内容，是运用经济措施综合治理社会治安的一种手段。

二、保安服务公司的性质与任务

（一）保安服务公司是服务型企业

保安服务公司是经政府有关部门批准，向工商行政管理部门领取营业执照，由公司开办，不用国家拨款，不占用国家编制，资金自筹，采取有偿服务，与客户签订合同，经济上实行独立核算，自负盈亏，具有独立的法人资格的企业。但它又有与其他企业不同的特点。它不搞物质产品生产和再生产，不转卖商品盈利，不以获取利润为目的，而主要通过与客户签订合同，为客户提供安全的有偿服务，改善社会的生产和生活环境，它不仅为客户提供经济效益，也为人们提供社会效益，它带有社会性。因为目前保安服务收费很低，一般是四五百元，只相当一个普通职工开支的水平，这些钱除了保安人员的给养外，剩余部分只能添置一些交通、通信工具，维持公司日常业务活动，所以说它是一种服务型企业。

（二）保安服务公司与公安机关的关系是接受指导和监督的关系

公安机关是国家管理社会治安的行政机关，而保安公司是一种企业，所以它既不是公安机关的下属单位，也不是公安机关的一种附属企业，从组织上、经济上应与公安机关分开。但它所担负的任务与公安机关关系密切，有些工作过去是由公安机关的干警义务去做的，有些是由内保部门担负的。这些任务完成得好坏，不仅与客户的权益密切相关，同时也与贯彻执行社会主义法制关系甚大，这种有偿的保安服务是公安机关在开放、改革的新形势下，依靠各条战线、各个部门，采取有钱出钱，有力出力，充分调动各行各业的积极性来维护社会治安的做法，是综合治理社会治安的一个重要内容，是新形势下公安机关群众路线的新发展。因此，保安服务公司必须接受公安机关的指导和监督。它的职责应十分明确，不能同公安机关混淆，其具体职责应该是：

（1）对现行反革命分子及刑事犯罪分子、通缉在逃的罪犯，有扭送公安机关之责，但无审讯、关押、处理之权。

（2）对非现行反革命分子及刑事犯罪分子，有调查、监视、检举、报告之责，但无逮捕、扣押、搜查、取缔之权。

（3）对反革命分子及刑事犯罪分子作案场所，有维护秩序，保护现场之责，但无自行勘查和处理之权。

（4）对侵害其责任保护目标的违法犯罪人员，有讯问查明情况、扭送公安机关之责，但无扣押、罚款和自行处置之权。

（三）保安人员的职业道德

目前保安公司还处在试办阶段，保安人员的职业道德规范内容还没有统一规定，我们认为必须具备以下内容。

（1）热爱人民，忠于职守。尽管保安人员是受客户的聘用，但也是一种为人民服务的工作，具有社会性。因此，必须爱护群众，热爱人民，以高度的责任感，尽职尽责地工作，全心全意为客户的安全服务，为人们创造良好的社会环境。

（2）遵纪守法，文明执勤。保安人员应把公司和客户所赋予的权力用来为人民服务。在工作中要严格执行党和国家的政策、法律，严格执行本公司和客户单位所规定的一切制度，按章办事，不徇私情。执勤时，一定要以礼待人，不欺压群众，对违法人员一定要交有关单位依法、按章处理，对于不守制度、不守纪律的少数群众，要进行耐心的教育，提高其认识，使其自觉改正。

（3）不畏艰险，勇于献身。保安工作同公安工作一样，除了为人民服务、为群众办好事外，常遇到一些不法分子和少数违反社会公德的群众，所以必须无私无畏，勇于同坏人坏事作斗争，要有勇于献身的精神，这是一个保安人员应有的政治觉悟。

（4）廉洁奉公，严于律己。大公无私，洁身自好，这样才能保持保安队伍的纯洁性。

（5）服从命令听指挥。保安组织是维护社会安全的战斗集体，不论在集体行动或个别执行任务时都必须有铁的纪律，服从指挥，执行命令。必须尊重和维护本公司与客户领导机构的权威，对上级交办的任务，只要不违背党和国家的政策、法律，都必须无条件地去完成，不允许打折扣，不准阳奉阴违。

三、保安服务公司目前急待解决的问题

为使保安服务公司能够巩固和发展，充分发挥它应有的作用，我们认为当前要注意解决好以下几个问题：

（一）保安组织机构

目前各市一个地区内保安服务组织较多，隶属关系不一，经费来源不同，经营方法各异。为使保安服务业沿着正确的方向发展，必须在各市建

立统一的领导机构，制定统一的服务章程和纪律，协调各公司的相互关系，研究解决一些共同性的问题以及处理一些涉外事务。

（二）保安人员的法律地位和自卫能力

保安组织不是国家机关行政组织，保安人员也不是国家行政工作人员，保安人员的职责是维护客户财物的安全和社会的安宁，制止不法行为对客户和群众财产的侵犯，因此，保安人员除了应有高度的政治觉悟和法制观念外，还必须有较强的保护能力和自卫能力。保安人员应穿着与军警有严格区别的制服，佩带统一的标志，配备有自卫能力和强制能力的非杀伤性器械，对保安人员执行保安服务的活动应作为执行公务，在法律上予以确认。

（三）保安人员的培训

目前各保安服务公司的保安人员，大多数都是来自经济不发达的农村地区，这些人的文化程度和政治素质都不高，都未经过专业训练，只进行过一些相关的教育就走上工作岗位，对保安业务缺乏系统的知识。为了增强保安人员的素质，提高服务质量，对保安人员应加强培训，训练的内容大致应包括以下几个部分：

（1）法律基本知识。宪法、刑法、刑事诉讼法、民法通则等有关知识，治安管理法规常识，客户单位的有关规章制度。

（2）保安人员的职责权利，工作制度和纪律、作风。

（3）专业知识。根据不同工作岗位和要求，拟订一些有针对性的具体规定。

（本文原载于《政法学刊》1989 年第 1 期）

犯罪与侦查学研究

学科建设与犯罪学的完善

王　牧

犯罪学作为一门认识犯罪现象本质、原因、规律等的综合性科学，应当在深层次上进行理论概括和抽象，应当是关于犯罪的“宏观理论”。但是，“在目前，还没有这样一种关于犯罪行为的‘宏大理论’，它能包括对犯罪的全部探讨，能把各学科的经验成果组织成非常连贯完整的逻辑体系。至少在眼下，我们必须满足于‘中级理论’，即那些仅能说明关于犯罪的有限真相的理论，或者满足于‘微小理论’，即其内容范围和一般性比中级理论更受限制的理论”[1]。这个评价符合一百多年来犯罪学理论研究实际，不仅指出了犯罪学作为学科还不成熟，而且在一定程度上提出了犯罪学学科建设标准。完善犯罪学，加强犯罪学学科建设，是当今世界一个重要课题。

一、学科建设标准

近些年来，国内外社会科学界有一种颇为流行的风气，即建立学科，动辄就建立“××学”，这本是好事情，是科学发展的必然结果，但是，关于学科建设的标准和条件，却很少有人注意和研究。这种情况继续下去，会出现学科混乱，影响学科及其理论的发展。犯罪学学科建设，首先要研究解决这个问题。什么样的犯罪学是比较成熟的犯罪学？标准是什么？

“科学学科是以科学理论为核心材料和其他材料建构起来的具有系统化的知识体系，是比科学理论更广和更深的认识形式。”[2]一门科学，是关于一种（或一类、一个）对象的全面而系统的科学知识，处于当时人类认识的最高水平。比较成熟的犯罪学，应当是在一般上综合和概括对犯罪现象的认识，是关于犯罪现象完整而系统的、具有内在联系的基本理论体系，具有比各种理论、学说更广和更深的认识形式，因此能够成为继续认识犯罪现象的工具。按照这个基本标准分析，作为一个比较成熟的犯罪学学科，应当具备四个基本条件：

一是有自己独立的必要的研究对象。对象是学科的基础。没有独立而必要的对象，就不可能有学科。对象的独立性，要求学科对象要相对明确、完整，要与其他事物有明确的区别，自成一体；对象的必要性，要求学科对对象的研究要有意义，是其他学科研究尚未包括的。

二是对社会有重要而独立的理论价值，同相关学科研究的理论相比，具有自己的理论优势。所谓重要而独立的理论价值是指这种研究是出于社会实践的需要，有重要的实践意义（社会科学理论意义说到底也是实践意义），尽管其他学科可能对这种对象也有研究，但是，此种研究的角度不同，意义也不同，是其他类似研究所不能替代的。

三是有一个能够表明自己独立存在的范畴体系，这个范畴体系由一组科学的具有内在联系的基本概念范畴构成。概念范畴是在对对象的理性认识中抽象出来的，表明对对象的理性认识程度。概念范畴的内在联系，表明对象的内部结构关系。概念范畴体系及其内在联系，成为对对象的整体理性认识，构成学科理论体系。

四是在理论的抽象程度上，达到了“宏观”水平。社会科学理论有层次之分。这是因为：

一方面，社会现象在社会系统中所处的位置不同，使社会现象本身在客观上形成层次；另一方面，理论对同一社会现象的研究和概括，也可因需要而在不同层次上进行。所以，理论可以有“宏观理论”、“中观理论”和“微观理论”。犯罪学作为综合性的学科，应当是能够概括出犯罪产生、本质、规律等的具有一般性特征的“宏观理论”，是当时人类能够达到的最深层的理论概括和抽象。

在这四个条件中，前两者表明作为独立学科存在的必要性和重要性，后两者表明作为独立学科存在的水平或成熟程度。必要的研究对象和独立的理论价值，是学科存在的前提。范畴体系和理论抽象程度，是学科成熟程度的基本标志。前者是关系学科生命的“质”，后者是关系学科水平的“量”。学科的对象和理论价值，涉及学科的基本理论，是学科理论的基础，在根基上直接影响学科的发展情况，能否正确解决好这两个问题，不仅影响学科的成熟程度，而且决定学科能否健康发展和存在，是决定学科发展命运的问题。学科的研究对象和理论价值互为因果。如果学科没有明确的、必要的研究对象，就不能产生独立的理论价值，反之，如果学科没有明确必要的理论价值，就不会有明确的研究对象。但是，研究对象要服务于理论价值。学科理论价值是学科建设的基本出发点，是决定其他问题的基础和标准，因此，进行犯罪学学科建设，首先要解决好犯罪学的理论价值，然后才有可能正确解决由理论价值所决定的研究对象问题。上述两个问题解决好了，其余的学科范畴和理论抽象问题，就比较容易解决了。

二、学科本身存在的问题

按照上述学科建设标准衡量，犯罪学学科本身存在以下几个主要问题。

（一）理论体系不成熟

从理论体系上看，犯罪学可谓五花八门，多种多样，相互之间差异颇大。对此南斯拉夫著名犯罪学家巴夫存教授把犯罪学体系分为五类，即欧洲的资本主义体系、北美体系、欧洲与北美体系的综合、刑事法律的犯罪学体系和社会主义国家的犯罪学体系。[3]波兰著名犯罪学家布·霍维斯特从犯罪学研究范围上把犯罪学划分为五种类型：①不承认犯罪学是一门独立的科学，认为它的研究内容刑法学可以包括；②认为犯罪学是一门从广义上去解释犯罪现象的科学，包括对犯罪现象的原因、与犯罪作斗争、刑事政策问题、刑罚学以及刑法的研究；③认为犯罪学是最广义上的犯罪科学中关于犯罪现象、犯罪原因的科学，与犯罪侦查学、刑法学和刑事政策学并列；④认为犯罪学就是对犯罪人本人及对其所采取的措施的研究；⑤狭义地认为犯罪学是一门关于犯罪现象和犯罪原因的科学。[4]著作的“目录”是理论体系的基本框架标志，国内外各种犯罪学著作的目录清楚地反映了这个问题[5]。这种混乱庞杂的所谓理论体系，充分表明犯罪学理论体系不成熟。

（二）理论内容不严密

对社会现象的认识和研究，总的看不外乎“是什么”、“为什么”和

“怎样办”这三个方面，表现在犯罪学上，就是犯罪概念（犯罪现象、类型、本质、特征、表现与发展变化规律）、犯罪产生的原因和犯罪对策三个问题。犯罪学在这三个方面都存在一些问题。

作为犯罪学研究基本对象的犯罪，应当有属于本学科自己的概念，以使本学科充分发展，顺利完成学科任务。但是，很多研究者以其他学科的犯罪概念作为犯罪学的犯罪概念，由此引出了一些基本理论上的问题。

在犯罪现象和犯罪类型上，研究犯罪类型的多，研究犯罪现象的少；即使研究犯罪现象，从社会整体上研究犯罪现象的表现和变化规律的，也很不够。犯罪学至今也没有能够按照它自己的任务要求，把犯罪作为真正的犯罪现象来加以研究。犯罪现象是个难度比较大的问题，但是，对实现犯罪学的理论价值，意义重大。

在犯罪原因上，人们把犯罪作为特殊、具体问题研究，从而提出某种学说的多，而作为一般、抽象问题研究，从而提出解释犯罪产生的理论体系的少，一般都以某种学说来说明犯罪的产生。在犯罪学教科书中，通常是从生理、心理和社会两个方面说明犯罪的产生，而对这二者之间的内在关系，则往往不涉及或者涉及甚少。而所讲的生理、心理和社会方面的原因，也都是具体的，不是一般的。实际上是以具体的学说而不是一般理论和理论体系来说明犯罪的产生。

在犯罪学中，犯罪概念与犯罪原因之间缺少内在联系的情况更为突出。犯罪概念与犯罪原因，即犯罪是什么与犯罪是怎样产生的，是既有区别又密不可分的两个问题，从某种意义上也可以说是一个问题。犯罪概念在本源上表明犯罪是由什么产生和怎样产生的，犯罪产生的原因及过程又表明犯罪在本质上是个什么东西。犯罪概念与犯罪原因的内在联系，是犯罪学理论内容的科学性和研究水平的重要标志，是科学严整的犯罪学理论体系的逻辑起点。没有对这两个问题本身及其相互关系的正确、深入的认识，就不可能有科学严整的犯罪学。犯罪学在这两个问题上的研究水平和程度，对犯罪学的成熟程度影响最大。

犯罪学是否应研究犯罪对策即刑事政策，虽然也有不同意见，但这不是主要的，在刑事政策中是否应包括社会预防政策的问题上，分歧也不大。分歧大的问题是如何研究刑事惩罚政策，有的把刑法学、刑事诉讼法学、刑罚学乃至刑事司法系统都作为犯罪学的对象来研究[6]，从而使犯罪学的理论体系非常混乱，严重地损害了犯罪学的理论地位和价值。

在理论上，犯罪原因和犯罪对策具有内在的联系。这种联系是直接的、直观的，但是，有些犯罪学理论在这二者之间缺少必然联系，有的甚至自相矛盾。

（三）缺少必要的范畴

范畴既是认识客体的成果结晶，又是进一步认识客体的工具，它深刻地反映着对客体的认识程度和水平。范畴及其体系是一个学科独立存在的前提，直接影响学科的理论研究水平和学科成熟程度。一个比较成熟的学科，应当有足够的支撑并表明其理论体系的基本概念和范畴，这些概念和范畴的科学组合，形成有序的科学范畴体系。从理论形态上看，如果一个学科没有或者缺少范畴，就意味着在这个学科中没有或缺少应有的独立理性思想和理论表现，就表明它的研究还停留在经验的阶段和水平上，还不能称其为合格的独立学科，或者意味着这个学科没有独立存在的必要。从这个角度看，与一些传统成熟的学科相比，犯罪学在这方面的差距还很大，真正属于犯罪学学科自己的概念和范畴还相当不够，犯罪学不仅缺少一般的概念范畴，而且缺乏基本的概念和范畴。

（四）理论概括不够

理论概括不够主要表现在两方面：一是在论述犯罪产生时，要么是用其他学科的概念、范畴和命题，要么就事论事，具体阐述犯罪的产生，不能对犯罪与社会的关系，以及对犯罪现象本身，作出较深入的理论概括。因而，犯罪学至今仍然缺少有说服力的一般理论，当然也就不能形成有内在逻辑力量的理论体系。二是试图以具体学说来全面解释犯罪。说明犯罪是怎样产生的犯罪原因论是犯罪学最基本、最核心的问题，对它的研究程度和水平是犯罪学成熟程度的关键。一百多年来在这个问题上取得了很大成就，产生了犯罪人类学理论、犯罪生物学理论、犯罪心理学理论、犯罪社会学理论等，每种理论之中，还有很多学说、观点。在犯罪学中，几乎不同学者就有不同的犯罪原因论，呈现出各有各的说法、各种说法都不错的局面，“但是，没有任何一种理论是尽善尽美的，也没有任何一种理论未受过行家的批驳”[7]，其中任何一种学说都不能圆满而有说服力地、完整科学地说明犯罪的产生，不能构筑起犯罪学学科。只以某种学说作为支点，不可能建立起科学而严整的犯罪学学科，不过，这些学说，在其所在领域对犯罪的产生，进行了颇有成效的研究，并取得了很大成就，而犯罪学作为综合性学科，没能很好地概括、吸收这些学科的成果为己所用，致使犯罪学没能形成“宏观理论”。

三、制约和影响学科成熟的几个问题

目前，制约和影响犯罪学学科成熟的，主要有以下几点：

（一）学科建设意识问题

学科是关于对象的比较全面、完整的一般理论知识，距离解决实际问题较远，针对性较差。因而，人们往往更重视理论，而忽视学科和学科建设。而缺少学科建设意识，在社会科学界带有普遍性。

其实，从学科上进行理论建设，对不太成熟的学科及其理论来说，是使其尽快完善和成熟起来的重要途径。对研究对象来说，学科是全面而系统的研究认识，理论则是某方面的研究认识，学科由系列理论组成，理论是构成学科的要素，比较而言，学科是宏观的，理论是微观或中观的、具体的。学科的成熟，不能离开理论的成熟。理论是促进学科成熟和不断发展的基础，但是，在学科还不太成熟，学科理论框架尚未完善，对对象还缺乏一般的比较成熟的宏观认识的时候，具体理论在认识和把握对象上，就会有一定困难，有时就可能出现偏差，尤其是企图以某一具体理论来认识和把握对象整体时，甚至会出现错误。而从学科上认识和把握问题，站得高，看得远，对某种具体理论的方向、地位、价值、作用以及它们在理论体系中的相互关系等，就容易看得清楚，作出正确判断。这不仅有利于学科成熟，同时也更有利于理论的发展。相反，如果不从学科角度进行完整而系统的基本理论建设，对对象的认识一般只是局部的、具体的、零散的，很难出现和形成完整而系统地把握对象的理论，更难出现作为继续认识对象工具的方法，所以，学科的出现是人类对对象认识水平的里程碑，不断发展和完善学科理论，进行学科建设，是认识客观对象重要的基本途径，也是发展和提高对对象认识水平的基本工程。

在犯罪学研究中，产生了许多理论和学说。这些理论，都曾经把自己的学说视为犯罪学的完整理论体系。在犯罪产生的具体原因上，更是理论学说林立，不计其数。这些理论、学说，各自站在自己的立场上，片面强调自己在犯罪学中的位置、价值、作用，认为自己是最能说明犯罪的理论。这种情况使犯罪学理论出现了非常杂乱的局面，纷繁复杂的各种理论、学说并存，对犯罪见仁见智，具体看来，它们又都无大的挑剔。但是，对犯罪学却缺乏精确而深刻的共识，也便失去了理论的说服力。造成这种情况的原因之一，就是缺乏学科建设意识。如果能够从学科角度研究和观察犯罪，评价各种理论和学说，就可以作出比较正确的识别和选择，在一定程度上避免这种情况的发生。例如，犯罪心理学理论，作为犯罪学的一个分支学科，对犯罪行为的解释，很有说服力，但是，从学科角度审视，就清楚地看出这种理论的局限性，它还不能独立而完整地说明犯罪的产生，尤其是不能清楚地说明犯罪现象与社会的联系，犯罪现象在社会上的发展变化规律。这种理论，为个人犯罪预防和罪犯改造，提供了较好的理论武器，而对犯罪的社会预防，则作为有限。很明显，犯罪心理学理论就不能作为完整认识和说明犯罪的犯罪学学科，也不能以它为犯罪学学科的理论出发点，它只能作为犯罪学的一个分支学科。相反，从理论方向和趋势看，犯罪社会学理论则正确地指向了犯罪根源，可以反映犯罪现象与社会的联系及其发展变化规律，对犯罪的社会治理和预防有直接意义，是学科理论建设与发展的基本出发点和宏观理论框架的基础。可见，增强学科建设意识，从学科上审视犯罪学及其理论，可以匡正和指导犯罪学理论的正确研究和发展，也可促进犯罪学学科建设。

犯罪学缺乏学科建设意识，与其产生的理论背景有直接关系。从第一部《犯罪学》著作问世以来，很少有人从学科建设的角度去研究它作为一个独立学科应当具备的基本内容、条件和规格。这种情况的出现，有其历史根源和理论背景，作为独立学科的犯罪学研究是从龙勃罗梭的《犯罪人论》开始的，从探讨犯罪人犯罪意识是从哪里来、怎样形成的开始，研究犯罪产生的原因，从而出现犯罪学学科。但是，由于没有跳出“犯罪是个人行为”的樊篱，所以从研究方法到研究内容，基本上都是把犯罪作为个人的具体问题来对待，从具体问题出发，去寻找具体的解释，而不是把社会作为犯罪学研究的背景，把犯罪同社会联系起来进行考察。对各自理论在犯罪学理论体系中的位置、作用，则更缺少自觉的正确评价和认识，因此，其理论一般只能是“微观”的，甚至是经验性的，也就无法抽象出一定的概念和范畴，自然也无法建立以范畴体系为基础的学科理论框架。这种理论基础和理论背景，使研究者难以从学科的角度去研究问题，自然也就难以树立自觉的、明确的学科建设意识。这说明，要建设科学严整的犯罪学，不仅要有明确而足够的学科建设意识，而且要有正确的理论基础。

（二）过分的实证研究问题

实证研究是犯罪学研究的起家方法。由于犯罪现象的特殊性，不仅使研究者难以把眼光从一件件具体的犯罪事实上脱开，而进入深层的理性抽象，而且犯罪的发生、发展变化错综复杂，千差万别，进行一般概括和抽象困难很大。这样，就使实证研究成了犯罪学研究的基本方法，以至于许多研究者仍然无法摆脱“犯罪是个人行为”这种近乎于世俗的认识，把全部注意力放在犯罪的具体事实上，对犯罪进行经验性的研究，从具体事实中寻找解释犯罪产生的答案。

在社会科学中，实证性的研究是必要的，特别是对社会需要解决的一些具体的、个别的、紧急性的实际问题，实证性的研究不仅是必要的，而且有时是重要的。在犯罪学研究中，实证研究也是需要的，尤其是对具体时间、具体地点的具体犯罪类型的实证研究，对实践中有效预防犯罪是完全必要和应当的。特别是当比较严整的犯罪学理论体系，在一定程度上建立起来之后，这种研究可能是大量的、经常的、必要的。

一般地说，实证研究往往是由实践中反复出现的事实得出理论结论，不作深层的理论抽象和逻辑推理。因而，虽然理性抽象层次不深，一般都是“微观理论”，但它紧贴实践，与实践直接联系，可以直接用来解决实际问题。这是实证研究的理论优势所在。现代的一些实证研究，也在一定层次上进行理论逻辑研究和抽象，从而得出一些较为合理的结论。但是，这种理论一般是“微观理论”，至多只能是“中观理论”，不可能抽象出较深层次的理论，即使抽象出较深层次的理论，其可靠性也往往较差。社会科学所研究的社会现象与自然现象不同，它包括一些难以确定的人的各种主观因素，不像自然现象那样，在一定条件下，有原因存在就必然产生结果。社会现象则不同，如果没有人这个中介作为主体选择，原因与结果之间的关系就不能实现。所以，对社会现象的因果关系、其他关系和规律等，若没有相当高度的理论抽象、逻辑推理和理性思维，而单靠经验性的实证研究，不可能得出宏观的深层的理性认识。

科学抽象是形成科学理论的必由之路。没有深刻的理论逻辑方法，其成就最多只能表现在“中观理论”上，不可能形成系统的“宏观理论”，有时甚至会得出片面或者错误的结论。实证研究的缺陷是理论的抽象层次不够，理论的作用面较窄，因而不可能建立起严整的犯罪学学科。当然，实证方法还不能等同于经验方法，即使是经验方法在社会科学研究中也是需要的，它是理论逻辑方法的依据和保证。但是，过分的实证研究，尤其是接近于经验主义的研究，就会严重影响犯罪学理论的深度，影响犯罪学学科建设。犯罪学缺少必要的范畴，理论抽象不够，都与过分的实证研究有直接关系。

（三）明确学科任务问题

学科应体现社会实践对理论的需要，反映学科产生和存在的社会意义，表现学科的理论价值。学科任务不仅关系到学科的完善，而且从根本上决定着学科的科学性，学科任务不仅有重要的方法论意义，而且有重要的认识论意义。

理论联系实际是社会科学研究的一条基本准则。社会科学本身并不存在理论脱离实际的情况。因为，社会科学与自然科学不同，它没有“哥德巴赫猜想”。它不仅产生于社会需要之后，而且，只要是正确的理论，对社会就有意义，问题完全在于运用，即运用不运用、会不会运用和如何运用。没有社会实践需要的理论，不会产生和存在，学科更是如此。社会需要在先，学科产生在后。社会需要是学科产生的动力，学科产生后，社会需要就成为学科所承担的社会义务，构成学科的直接任务，即我们所说的学科任务，从而显示出学科的理论价值，社会需要是学科的生命。学科任务是社会赋予学科的社会历史使命，在宏观上体现和决定着理论与实践的联系，是理论与实践关系的最原始和最高的体现。因此，学科任务不仅决定学科的基本理论框架，而且决定该学科在学科群中的位置及作用，是学科及其理论研究要遵循的最高原则，是确定和评价整个学科理论的根本标准，具有根本性的意义。因此，学科必须承担起自己的社会义务，适应社会需要，贯彻学科任务，否则，研究者就会从根本上违背学科产生的初衷，失去理论的发展前途。所以，学科建设的首要问题是明确并贯彻学科任务，把学科任务作为学科理论的出发点和落脚点，即理论的宗旨。

犯罪学应社会预防和减少犯罪的客观需要而产生。从社会上预防和减少犯罪，是犯罪学学科的直接任务。它是犯罪学理论的出发点和落脚点，是确定犯罪学理论框架、研究对象和评价各种理论的根本标准。犯罪学存在的各种问题，几乎都与学科任务不明确或不正确有不同程度的联系，其中，影响学科成熟的一个比较大的问题，就是混淆了刑法学与犯罪学的学科任务，把刑法学的犯罪概念、理论方法等，直接移到犯罪学之中，作为犯罪学的犯罪概念和理论方法。

刑法学也承担预防和减少犯罪的任务，但这只是它的间接任务，而不是它的直接任务。准确地说，刑法学是通过实现准确认定犯罪和适用刑罚，即准确地定罪和量刑这个直接任务来间接地实现上述任务。刑法学的直接任务是准确定罪量刑，直接服务的部门是司法机关。犯罪学的直接任务是从社会整体上预防和减少犯罪，直接服务的部门是政府（社会）。刑法学和犯罪学的直接任务，只有在刑事立法那里才可能有一定的交叉。它们的直接任务和服务的部门是不同的，所以，虽然刑法学和犯罪学都研究犯罪，但犯罪的概念和理论方法，应有明确区别。如果它们所研究对象的概念及理论方法没有不同，就会混淆两个学科的理论、方法以及学科界限，在客观上造成理论上的混乱和学科之间的互相否定。因此，刑法学的犯罪概念，应当严格限定在法律规定的范围以内。这是罪刑法定原则所决定的。而犯罪学不能直接利用刑法学的犯罪概念，它必须站在刑事立法之前，运用非刑法的，即社会的眼光确定犯罪概念，否则就无法实现它的学科任务，所以，犯罪学的犯罪定义，就不必完全像刑法学那样，有“违反刑法”和“应当受到刑罚处罚”的限定。

为实现学科的直接任务，刑法学所研究的犯罪，应当是与准确定罪量刑有关的犯罪的直接原因，即犯罪人的犯罪意识和心理；而犯罪学则应当研究与预防和减少犯罪有关的犯罪人的犯罪意识、心理是怎样形成的，即犯罪直接原因的形成和过程。这就要到社会生活中去寻找，这不仅因为犯罪直接原因存在于社会，而且，因为对社会预防和减少犯罪来说，只有寻找到犯罪的社会方面原因，才有实际操作的可能性，这种研究也才有意义。否则，只寻找犯罪个人方面原因，这虽然也有其特殊的意义，对犯罪学理论建设同样不可缺少，但是，无论是个人生理还是心理方面的原因，有关的针对性预防措施，从政府和社会角度看，都缺少可操作性，这种研究的实际意义也就相当有限。因此从犯罪学研究的目的来看，这方面的研究，只是为了达到研究犯罪社会方面原因和根源的手段，而不是它研究的重点和目的，对学科任务的实现，意义也不大。所以，犯罪学研究的犯罪原因，主要应当是造成犯罪人犯罪意识、心理、社会方面的原因。然而，以往有些犯罪学研究对此并不明确，把犯罪学研究的重点，放到支配犯罪人实施犯罪行为的直接原因上，即放到犯罪人的犯罪心理和意识等方面。这不仅影响犯罪学学科任务的实现，削弱或损害犯罪学学科的理论地位和价值，而且造成犯罪学与刑法学学科界限不明。所以，只有明确学科任务，才能把犯罪学与刑法学的研究对象、学科性质、地位、理论内容和方法等，严格区别开来，才能使学科得到不断完善，真正实现各自的学科价值。不然，背离或混淆学科任务，离开社会背景，犯罪学就不可能成熟起来。犯罪学必须以它的学科直接任务来确定自己的研究对象和理论方法。

（四）定义犯罪概念问题

如何定义犯罪，涉及从哪个层次和角度研究犯罪，对犯罪学学科建设至关重要。为了不同的目的，可以在不同层次，或同一层次的不同角度上对犯罪进行研究。在犯罪不同层次上进行研究的学科，应当有不同的犯罪定义，或者在内涵上不同，或者在外延上不同，或二者都不同，否则就会影响理论和学科的发展。

刑法学产生的时间并不比犯罪学早多少，但却比犯罪学成熟得多，这与刑法学有恰当的犯罪概念分不开。罪刑法定原则是近代刑法学产生的理论基础。为了实现罪刑法定原则，依法准确定罪量刑，刑法学把犯罪内涵定义为危害性、违法性、当罚性三个属性，外延定义为“行为”。

刑罚由个人承担，所以这里的行为虽然属于“个人行为”，但三个内涵，明确而严格，运用其分析犯罪构成方便、适用，“个人行为”的外延，不仅使刑罚的实际运用显得合情、合理、合法，而且简便、易行。刑法学的犯罪定义，为顺利实现自己的学科任务，奠定了基础，创造了条件。

犯罪学则因为没有准确找到自己的犯罪概念，影响了学科的成熟。在刑事法学理论界有一个观点，即以刑法学的犯罪概念作为犯罪学的犯罪概念，原封不动，内涵和外延都不变，刑法学的犯罪定义是犯罪的法律定义。犯罪学不能仅以犯罪的法律定义作为自己的犯罪定义。因为，这种定义没有揭示犯罪的本质，不利于犯罪原因论的发展，削弱对刑事立法的指导作用，损害犯罪学的科学性、完整性及其性质和地位。对此笔者曾有较详细论述，[8]国内犯罪学界也已达成基本共识，这里不再赘述。其实，在犯罪概念上，影响犯罪学成熟的，更主要且经常被忽视的问题是在犯罪概念的外延上。

犯罪概念的外延是犯罪所隶属的范围，与犯罪概念内涵一样，也反映犯罪的本质和基本属性。为了研究的需要，从定义外延看，可以像刑法学那样，把犯罪确定在“个人行为”范围内，也可以确定在“社会现象”范围内，“犯罪是个人行为”和“犯罪是社会现象”，虽然有密切联系，个人行为是社会现象的构成因素，社会现象是由个人行为所构成，但社会现象不是个人行为的简单相加。两个命题性质截然不同，会带来截然不同的研究过程和结果。

从方法论上看，犯罪定义要有范畴的功能，要成为继续认识犯罪的科学工具，从而使继续认识活动成为可能并有发展前途，使其所得出的结论能对客观实际具有意义，有利于实现学科任务，把犯罪概念外延确定在什么范围，就是把犯罪放在什么背景和关系中来认识，这既涉及犯罪的性质，也涉及犯罪的来源和产生，直接决定学科任务的实现。犯罪是个人行为，还是社会现象，对犯罪学来说，是个根本问题。它决定着对犯罪的整体的理论思维模式，并最终决定着犯罪学的成熟程度。不同的命题包含不同的判断和认识，是构筑犯罪学学科理论体系的不同的理论逻辑起点，规定着研究犯罪现象的基本理论格局和研究方法，会以各种完全不同的方式，从根本上影响、支配、限制着研究问题的角度和思路。

犯罪学对犯罪的研究，可以从生物学和心理学的角度进行，也可以从社会学角度进行，可以从个体行为角度进行，也可以从群体现象角度进行。从认识论上，可以把犯罪定义为个人生物的、心理的现象，也可以定义为社会现象，从方法论上，可以把犯罪定义为个人行为，也可以定义为社会现象。概言之，犯罪学既可以把犯罪作为“个体自然行为”来研究，也可以作为“群体社会现象”来研究，这里面临着选择，选择的标准是什么？这个标准影响着学科任务的实现。

如果以“犯罪是个人行为”命题作为犯罪学的理论逻辑起点，把犯罪学研究范围限定在个人行为之中，把研究方向引向从个人的角度去观察和思考犯罪，所看到的，只是犯罪人个人应当受到刑罚处罚的特殊性的地方，就会到个体生理、心理上去寻找犯罪产生的原因，看不到犯罪与社会的关系，难以找到有效、可行的预防犯罪的方法和措施。这样，犯罪的社会预防对策就很难提到议程上来，刑事惩罚就会成为唯一的结论，从而会背离或缺少犯罪学研究应有的理论认识、研究方向及方法，学科任务无法实现，学科发展就会受到严重限制。犯罪人类学派、犯罪生物学派和绝大部分犯罪心理学派理论，就是把犯罪定义为“个体行为”，所以，这些学科尽管有自己的特殊意义，但是，始终不可能在它们中的任何一门学科基础上建立起成熟的犯罪学。这样的研究，只能产生犯罪人类学说、犯罪生物学说、犯罪心理学说、临床犯罪学说等单一的、从某一个角度研究犯罪的成果，而不可能产生综合的能够从宏观上整体阐释犯罪现象的犯罪学学科。

相反，把犯罪看作群体社会现象，以此命题作为犯罪学的理论逻辑起点，把犯罪确定在“社会现象”范围，在社会背景下来认识犯罪的来源、产生和变化规律，就可以清楚地看到犯罪与社会的关系。犯罪根源于社会，又危害社会，预防和减少犯罪的主要措施也存在于社会，预防犯罪的重点在社会，而不在个人，找到有效、可行的预防犯罪的方法和措施，得出对社会有实际意义的结论，建立起有发展前途的学科。这样的犯罪学研究过程和结论，具有更大的社会意义，可操作性强，同时，为学科发展和不断成熟，奠定了基础，提供了条件。犯罪学必须根据自己的学科任务来确定犯罪概念的外延。而体系严整的犯罪学学科的建立，应当以犯罪是社会现象这个揭示犯罪本质和来源的命题为基础。

其实，这样确定犯罪概念，也符合对犯罪的科学认识论。在外延上把犯罪定义为“社会现象”，不仅科学地揭示了犯罪的本质，同时，也科学地反映了犯罪的来源。从形式上看，犯罪以个体行为表现出来，社会管理者也把犯罪作为个体行为来处理。但从本质属性上看，犯罪不是个人行为，而是社会现象。犯罪是在一定的社会关系中实施，并在一定的社会关系中加以评定的。犯罪是一种评价事实。社会关系是评价犯罪行为的标准。犯罪从一开始就不是个人行为，而是在一定的社会关系中实施和受到评定的。如果离开一定的社会关系，任何行为都无法评定为犯罪。不以一定社会关系为参照系，对行为性质就无法作出任何评价，改变社会关系，对行为就可能作出另外的评价，同样形式的行为，在不同社会关系中就可能会被作出截然不同的评价，这充分说明犯罪不是纯粹的个人行为，更不是生物现象。要科学地认识犯罪，必须把犯罪放到社会背景下，研究犯罪与社会的关系，才能揭示出犯罪的本质，以及犯罪与社会的本来关系。基于这种认识，我们提出“群体犯罪现象”是犯罪学的基石范畴。这个命题既反映了犯罪的本质和本源，同时，又是科学严整的犯罪学理论体系的理论逻辑起点，所以，犯罪学不应当把犯罪概念外延确定为“个人行为”，而应确定为“社会现象”。

（五）寻找犯罪产生原因问题

犯罪原因是犯罪学的核心问题，它制约着犯罪学学科的发展。在犯罪原因问题上，影响学科成熟的因素比较多，这里仅举要者为例。

首先，平面犯罪原因论影响犯罪学学科发展。社会现象在社会生活中，以立体结构形态存在，各种不同的社会现象，在社会结构中，处于不同的位置。不同的社会位置，使社会现象具有不同层次。社会现象的因果关系，就是一种社会现象的层次关系。犯罪现象与犯罪原因本身就有层次。犯罪原因还有原因，以至在犯罪的后面，是一个很长的因果链条，即原因层次。犯罪原因的层次性是客观存在的。同一层次犯罪原因是多元的，不是单一的，即原因的多元性。

犯罪原因纵的层次性与横的多元性，构成立体的，即系统结构犯罪原因论，体现了社会现象的结构性。平面犯罪原因论就是在单一层次上解释犯罪产生原因的理论。这种单一性表现为两种情况：一种是原因的单一，即横的原因为一种，纵的原因也为一种；另一种是虽然原因是多种，但是，所有的原因都在同一层次上，即同一个平面上，即横的原因为多种，而纵的原因为一种，没有层次之分。

在犯罪学研究中，犯罪原因横的多元性，很早就已经成为共识而被注意到了。而犯罪原因纵的层次性却被忽视，经常用平面的原因论来解释犯罪，突出地表现为以下认识：在犯罪原因上，人们经常把犯罪作为特殊、具体问题研究，从而提出某种学说的多，而作为一般、抽象问题研究，从而提出解释犯罪产生理论体系的少，一般都是以某种学说来说明犯罪的产生。这样，在犯罪原因上，就很难形成立体结构的理论体系，这直接影响了学科的发展。所以，对犯罪原因的研究，要有明确的层次观念。其实，在犯罪原因论中，犯罪根源的概念就包含着犯罪的层次性，至少说明犯罪原因有“原因”和“根源”这样两层。但是，在犯罪原因论研究中，即使追寻犯罪根源，也常常有人忽视犯罪原因的层次性。

其次，犯罪根源的不当指向，影响犯罪学学科发展。在犯罪原因的层次中，处在最终端的是犯罪根源。这是各种犯罪学都要寻找的东西。犯罪根源的指向，从根本上制约着认识犯罪的正确途径和方法。犯罪学研究的是犯罪产生的原因。犯罪是一定的人为满足自己的某种需要而在意识支配下实施的行为，犯罪行为的直接动因是犯罪人的主观意识。这是所有犯罪学家都无异议的认识。

但是，犯罪学所研究的犯罪原因显然不是支配犯罪人实施犯罪行为的犯罪意识，而是犯罪意识形成的原因，即引起犯罪的主观因素是从哪里来的。由于对这个问题的不同回答而出现了许多不同的犯罪学说，这些回答概括起来有两种：一种认为引起犯罪的主观因素存在于犯罪人个人身心之中，或本能固有，或先天遗传，或生理异常，或精神疾病等；另一种认为引起犯罪的主因素来源于社会客观现实。这是两种完全不同的寻找犯罪根源的方向和方法。从犯罪根源的指向看，前一种指向犯罪人个体身心，后一种指向现实社会生活。在犯罪根源于个人的各种观点中，还有一些不同的观点和学说，但是，绝大部分认为犯罪根源于人的生物属性。这种观点实际认为犯罪是生物现象。作为人的生物现象，因个体的差别性很大，本来就具有各自有别的特殊性，某个人进行犯罪或不犯罪，都是一种特殊性。即使从这些特殊性中概括抽象出普遍性、共同性的东西，也还是不能说明生物性是如何决定犯罪与不犯罪问题。把犯罪根源指向个人，就很容易把犯罪放到生物现象范围，用生物学观点解释社会现象。单凭生物性是永远不可能从社会科学的角度概括出具有一般理论意义的犯罪原因、犯罪根源、犯罪变化规律等理论认识，尤其是不可能概括出与社会相关的、对于从社会上预防犯罪有意义的一般理论。用生物学观点解释社会现象，是社会科学理论的死胡同。从表面看，犯罪似乎是与其他社会现象没有联系的纯粹的个人行为，某人所以犯罪，似乎是来源于某人主观上的犯罪生理、意识和心理特征。如果不这样解释和认识犯罪，就无法说明为什么在相同的社会条件下，有的人犯罪，而有的人不犯罪。在这种认识看来，犯罪人与非犯罪人的行为区别，来源于由他们不同的生理、心理决定的主观因素上的不同。这是被恩格斯批评的一种习惯于以意识解释行为的方法。然而，犯罪根源存在于社会生活之中，追根溯源，犯罪人的犯罪意识来源于社会。人的意识，其中包括犯罪意识，是在人与社会的互相作用中形成并最终由社会决定的。在犯罪学理论上，前一种是不正确的研究方法和方向，自然不会在理论上取得大的成就，形成学科理论体系。只有坚持后一种认识，到社会生活中去寻找犯罪根源，才是正确的研究方法和方向，才能对实现犯罪学的任务具有意义，也只有如此，才能建立起科学严整的犯罪学理论体系。犯罪根源的指向，与犯罪概念的外延，在方法论上可以看作是一个问题。犯罪是什么，与犯罪的产生，有时就是一个问题的两个方面，所以说寻找犯罪根源也是个方法问题。

再次，在犯罪主观因素与犯罪客观因素关系上，缺乏科学认识，也制约了犯罪学学科发展。在犯罪学教科书中，通常是从生理、心理或社会三个方面说明犯罪的产生，而对这三者之间的内在关系，则往往不涉及或者涉及甚少，而所讲的生理、心理或者社会方面的原因，也都是具体的，缺少一般的。实际上是以具体的学说而不是一般理论和理论体系来说明犯罪的产生。这样，在解释犯罪产生原因这个核心问题上，往往只能是具体理论观点和学说，缺少一般的宏观理论抽象，所以也就很难形成理论体系，这就直接限制了学科发展。

（六）对“犯罪必然存在”结论的接受问题

在一定历史时期内，犯罪的存在是必然的。这几乎是常识性的认识。然而，在人们对待犯罪的实践中，看到的却是另外一回事情：人们忘记了常识，把犯罪当做是不该存在的东西。在理性上，人们并没接受“犯罪是必然存在”的结论。

透过社会对犯罪反应的表面，就会清楚地看到，人们自觉不自觉地认为犯罪的产生不符合人类生存和社会发展的一般规律，犯罪是一般社会现象的例外，是社会上不该存在的偶然的个别现象。在社会对待犯罪的态度以至于一些犯罪学家理论的背后，可以清晰地看到这种认识的影子：罪行是肮脏的，令人切齿的可恨勾当；严厉的刑罚作为一种沉重的代价是治理犯罪的最有效方法；犯罪完全是纯粹个人行为（刑罚个别化作为现代刑罚制度是历史的进步，但它强化了这种观念）。尽管人们认为不该发生的事情一直在发生着，但是，一些人仍然不认为犯罪是社会上必然存在的符合规律的事情。主体因素在人类认识客观世界上所表现出的局限性，在这里表现得十分突出。

然而，把犯罪作为社会不该有的个人行为来认识和处理，严重地妨碍着人们对犯罪的本质和本源的认识，削弱了人们从宏观上认识犯罪现象的动力，使人觉得，除了社会危害性之外，犯罪与社会再也没有其他什么关系了。既然它是个别人的、社会不该存在的特殊现象，那么，只要对犯罪人用之以刑，社会也就完成了自己对犯罪的全部责任。这种认识和做法，实质是对犯罪的小视和草率，严重忽略了犯罪在社会上的实际位置，妨碍了对犯罪进行宏观理论上的认识。

其实，从客观存在角度看，犯罪是社会的正常现象。而且，在整个社会现象的体系中，犯罪是与政治、经济、法律等现象处于同一逻辑层次的重大社会历史现象。犯罪如同政治、经济和法律等重大社会现象一样，是一定历史条件下必然的、不以人的意志为转移的产物。从这一点上说，它不是社会不该有的、一般社会现象之外的“特殊”现象，而是普遍的合乎规律的一般现象。只有这种认识才符合犯罪的起源、性质的实际，才有利于人们把它摆到应有的社会位置上，重视对它进行宏观的一般理论研究和认识，而只有这样，才有可能从整体上认识和把握犯罪现象，建立严整科学的犯罪学理论体系。这是被人类认识史和犯罪学研究所反复证明了的，正如日本著名学者间庭充幸教授所指出的：“犯罪表面看来是一种异常行动，但它却是‘正常的’社会病理的投影，因此，研究犯罪必须同社会结合起来，才能作出一些有益的分析，而且也只有如此，才比较确切。”[9] 为什么人会忘记常识而拒绝接受科学的结论呢？因为从根本上支配人们认识和评价犯罪行为的，不是理智支配下的理念，而是情感控制下的道义。人们一般都从道义上认识和评价犯罪行为。

社会科学的价值无涉原则，只是理论家们的一种不可能完全实现的理想追求。人的认识总要受价值取向的影响，而在价值的背后就有人的感情因素。理性能使人的感情科学化，感情又常常影响人的理性。这在犯罪学研究中表现尤为突出。纵观一百多年的犯罪学研究，人们对犯罪现象认识的肤浅，不是因为它比其他社会现象更复杂，不易被人所认识，而主要是由于犯罪这种现象太容易使人感情用事，从而影响人们的理智，以至于社会管理者和一些理论家在它的面前也失去清醒和理性。迄今为止，不要说普通百姓，也不必说社会管理者，就是一些专门以研究犯罪为职业的犯罪学家，也还不时地因为情感因素而影响对它的正确认识，把本来重大、复杂的社会问题简单化。对犯罪，尤其是对刑事犯罪，普通百姓和社会管理者往往有着完全一致的感情和认识：对普通百姓来说，犯罪是不罚不足以平民愤的行为；对社会管理者来说，犯罪是个不必过分用心对待的简单的具体问题，只要运用刑罚就可以解决，不需要刑罚以外的理论的指导（对刑法学理论的需要也还是近代社会以后的事），更不必去创造一个复杂的理论体系来加以阐释的问题。

对社会管理者来说，社会安全本来是生命攸关的重大问题，但是社会管理者对直接影响社会稳定的犯罪问题，很少理智地对待过，一般都是采取简单、“粗暴”的办法来解决。正是这种从上到下的感情因素，强烈地影响着犯罪学家们的理性，影响他们作出正确的判断，影响着理论研究的进程。

人类在理论上对重大社会现象进行研究和认识，已经有相当久远的历史和很高的水平，18、19 世纪时产生了许多独立的学科，其中某些发展迅速、成就斐然的学科，到 20 世纪又分化出一些分支学科[10]。但唯独对犯罪现象的研究和认识与学科发展的大势显得极不协调。在社会科学中，研究犯罪的学科并不少，也取得了相当的成就。但是，在众多研究犯罪的理论中，除了犯罪学之外[11]，几乎都是研究犯罪发生后如何处理的“微观”理论。刑事侦查学研究刑事案件的侦破，刑事诉讼法学研究刑事案件的起诉和审理，刑法学研究定罪量刑，刑罚学研究刑罚的社会效果……总之，现有的刑事法学基本上都是研究犯罪发生后如何处理的科学，而对犯罪发生前，犯罪发展变化的情况和规律、产生原因及其预防，则缺乏应有的研究，这在国内外都是如此。无论怎样说，对犯罪的处理总是在损失发生后的一种消极弥补，而不是在损失发生前的积极预防，何况这种只对犯罪发生后如何惩罚的研究本身就有先天不足，等于放弃了对犯罪社会预防的研究。因此，从理论的直接目标上看，除犯罪学之外，现有关于犯罪方面的理论，只是“惩罚理论”，而没有“预防理论”。可以说，以往的刑事法学主要是对犯罪发生以后如何处理的微观研究，而对犯罪发生前社会如何预防的宏观研究则很不够，这无论从人类认识客观世界的角度上看，还是从解决实际问题的角度上看，都不能不说是种极大的缺憾。人们在意识深层拒绝接受犯罪是必然存在的结论，在这里表现得淋漓尽致。在感情起决定作用的地方，不仅缺少理性，往往连常识都不起作用，这在重大社会历史现象中也不例外。在学科能否存在都成为问题的情况下，学科成熟与否的问题，自然也就谈不上了。

参考文献

［1］哈罗德·J. 维特，小杰克·顿特．犯罪学导论（第二篇）［A］．国外犯罪学研究［C］．北京：中国展望出版社，1985.

［2］舒炜光．科学认识论（第 3 卷）［M］．长春：吉林人民出版社，1990.

［3］L_ j. Bavcon“kriminologije”，I，a redakciji K. Vodopivec，Zagreb 1966. ctr. 27 –320.

［4］布·霍维斯特．犯罪学的基本问题［M］．北京：国际文化出版公司，1989.

［5］通过《犯罪学》著作目录，可了解犯罪学理论观点和理论体系以及对象上的不同。

［6］菊田幸一．犯罪学［M］．北京：群众出版社，1989.

［7］唐·C. 吉本斯．现代犯罪学［J］．国外法学，1988（2）.

［8］王牧．犯罪学［M］．长春：吉林大学出版社，1992.

［9］间庭充幸．文化与犯罪——日本战后犯罪史［M］．北京：群众出版社，1987.

［10］刘仲亨．社会科学与工业社会［M］．沈阳：辽宁人民出版社，1986.

［11］关于“刑事政策学”的学科归属学术界有不同看法，但一般都认为它不是研究具体犯罪如何处理的科学，我们认为它是犯罪学的组成部分，最多是犯罪学的分支学科。王牧．犯罪学［M］．长春：吉林大学出版社，1992.

（本文原载于《政法学刊》1997 年第 4 期）

论辩证法范畴在“犯罪总论”研究中的应用

——刑法学中的哲学问题初探之二

杨卫平

唯物辩证法范畴是对于事物之间最普遍的辩证关系的概括和反映，是人们认识和实践的思想武器，它对于指导具体科学的研究具有重要的方法论意义。本文试图就唯物辩证法若干范畴在刑法学“犯罪总论”研究中的应用作粗浅的探讨。

一、犯罪的现象和本质

任何事物都是现象和本质的统一，没有脱离本质的现象，也没有脱离现象的本质。现象是外在的，本质是内在的，本质决定现象，现象反映本质。犯罪也是现象和本质的辩证统一。犯罪现象就是指犯罪的外在表现。主要表现为犯罪的行为，犯罪的行为方式及犯罪的结果等。犯罪现象是犯罪本质的具体表现，犯罪现象是复杂多样、多变的。不同的犯罪其表现方式是不同的，即使是同一种犯罪，其表现也是千差万别的。我们认识犯罪，就得从犯罪现象入手，但要真正认识犯罪的本质，不能只停留在现象上，必须透过现象去认识其本质，这是刑法学研究的任务。犯罪的本质是什么？刑法学界历来都有不同的看法。在刑法颁布以后，刑法学界一致认为，刑法第十条是对我国社会上的犯罪现象所作的科学概括。但对犯罪的本质特征是什么，就有“二特征说”、“三特征说”、“四特征说”之分。他们分歧所在，从哲学基础上看，就是对犯罪本质的界定有不同看法。笔者认为，犯罪的本质是犯罪的根本性质，是构成犯罪的内在联系，是犯罪的共同属性。把握犯罪的本质应从下面两方面去认识：第一，用整体的观点去认识。犯罪的本质是一个系统的整体的规定，根据我国刑法第十条的概括，犯罪的本质有三个，即相当程度的社会危害性、刑事违法性、应受刑罚处罚性。这三方面就是犯罪的“根本性质”、“共同属性”。三者是不可分割的统一整体，三者之间有其“内在联系”。有的学者认为犯罪的本质特征仅仅是“行为的社会危害性”，后两者不属于犯罪的本质特征。笔者认为，这是欠科学的。从哲学上说，本质一般是单一的，现象是多方面的，但不能由此作出机械的理解，认为事物的本质只有一方面，说本质是单一的，是相对于现象而言，其实本质也是多方面的。撇开“刑事违法性”和“应受刑罚处罚性”，就“社会危害性”而言，它也不是犯罪所独有的，一般的违法行为也具有社会危害性，民事违法行为也具有社会危害性，但不是犯罪，一种行为必须具有相当程度社会危害性而且违反了刑事法规，应受到刑罚，这种行为才构成犯罪。当然，犯罪这三个本质特征，也不是平列的，事物本质是多方面的，但本质也是分层次的。在三个本质特征中，“相当程度的社会危害性”是犯罪具有决定意义的，最本质的特征，它深刻地揭露了犯罪的实质，但不能把“最本质”的理解为“唯一”的。第二，用运动的观点去认识。主张犯罪本质“二特征说”的人认为，“应受刑罚处罚性”不是犯罪的本质特征，理由是“应受刑罚处罚”是犯罪的法律后果，而不是犯罪本身。犯罪是原因，受刑罚处罚是结果，两者是不同的事物。考察犯罪的本质应从相对静止的角度，而不是从运动的角度。所以，不能把犯罪的法律后果当成犯罪的本质特征。笔者认为，这种观点也是值得商榷的。任何事物的本质都是事物的内在联系，这种内在联系是有时间和空间的，是处于运动变化之中的联系。考察事物既要从相对静止的角度考察，也要从运动发展的角度去考察，相对静止也不过是运动的一种特殊状态。“应受刑罚处罚性”是犯罪的本质特征，是从犯罪的运动的必然趋势去规定的。这里请注意“应”字的运用，“应”是应该的意思，“应受刑罚处罚”与“受刑罚处罚”是有所不同的，前者是表示一种趋势，而后者则是现实了。“应受刑罚处罚性”在犯罪的本质特征中具有独立存在的意义，它对“社会危害性”和“刑事违法性”又起着制约作用。某种行为只有当立法者认为应当用刑罚这种最严厉的方法予以处罚的时候，才认为这种行为具有极端的社会危害性，才会在刑事法律上作出禁止性的规定，从而赋予行为的社会危害性和刑事违法性的特征。所以，把

“应受刑罚处罚性”排除在犯罪的本质特征之外是不科学的。

二、犯罪的原因和结果

犯罪的原因和结果的关系（因果关系）是刑法学“犯罪总论”研究中的一个重要而且长期争论不休的问题。本文不打算具体阐述这个问题，只是从哲学的角度，谈谈哲学上因果关系与刑法学上因果关系的区别和联系。从哲学上说，所谓因果关系，是指自然界或社会中的一种联系。任何一种现象的出现，都是由某种或某些现象引起的，而这种或这些现象的出现又会进一步引起另外一种或一些现象的产生。引起某一种现象的现象，就叫做原因，而被某种现象所引起的现象，就叫做结果。客观现象之间这种引起和被引起的关系，就是事物的因果联系，是对宇宙间各种各样、各个层次的因果联系的总概括。刑法学作为一门具体学科，层次上是比哲学要“低”一些的，哲学上的因果关系是“一般”，而刑法学上的因果关系是“特殊”。所以，首先要肯定哲学上的因果关系与刑法学上的因果关系是有联系的，两者之间互相联系又互相区别，是一般与个别，普遍与特殊的关系。刑法学上讲的因果关系，是指危害行为与危害结果之间的关系。应该看到，刑法学上讲的因果关系不会超出哲学所规定的一般的因果关系，是一种具体化而已。刑法学的因果关系，也是一种在时间上先后相继，引起和被引起的关系。问题是刑法学上的因果关系中的原因和结果的规定就有其特殊性了。所谓犯罪的原因，是指引起犯罪结果的犯罪行为。所谓犯罪的结果，是指由于犯罪行为而引起的危害结果。在刑法学上讲的因果联系的链条上，“孤立”的标准与其他学科是不同的。一种危害结果发生了，要考察引起这种危害结果的原因，如果是从非刑法学的角度看，原因可以说是相当复杂的。可以是直接的，也可以是间接的；可以是本质的，也可以是非本质的；可以是必然的，也可以是偶然的；可以是人为的，也可以是自然力的；可以是现实的，也可以是历史的等等。但从刑法学的角度看就不是这样了，它研究因果关系，主要是解决刑事责任问题，所以，首先要看是否由人的行为引起的，如果是自然力引起的，就没有考察的必要了，确定是人为的（包括作为与不作为），而且这种行为是违法的，是犯罪的行为，才能确定是犯罪的原因。所以，一种危害结果的发生，肯定是有原因的，但不一定就是刑法学上讲的原因，没有刑法学上讲的原因不等于说危害结果就没有原因。如果确定是人为的犯罪行为引起的，这种行为与危害结果的联系可以是直接的，也可以是间接的，可以是必然的，也可以是偶然的。如果是直接的、必然的，在定罪量刑时，可以作为重的情节考虑，相反，如果是间接的、偶然的，可以作为轻的情节考虑。多年来，刑法学上争论比较多的是因果关系有没有偶然联系。笔者认为，分歧也在哲学的理解上。持否定态度的人认为，因果关系都是必然的联系。这种理解是很值得商榷的。哲学上讲的因果关系是一种必然联系，是指一种现象的出现必然会引起另一种现象的出现，这是必然的。但必然性与偶然性是统一的，必然性也不是纯粹的，必然性要通过偶然性来表现。这种现象什么时候出现，以什么具体方式出现，就带有偶然性了。如甲对乙开枪，打中乙的要害部位，乙死了，这是一种必然性。但乙中弹以后，什么时候死，在什么地方死，就带有偶然性了。任何现象都是有原因的，必然性现象有原因，偶然性现象也有原因，不能说因果关系只存在必然联系中，不存在偶然联系中。

总之，在研究刑法学的因果关系时，既不要否定哲学因果关系与刑法学因果关系的联系，也不要否定两者之间的区别，应该在马克思主义哲学的普遍原则指导下，具体研究刑法学上的因果关系。

三、犯罪的可能和现实

任何事物的转化都是从可能的存在到现实的存在的过程，犯罪也是这样一种运动的过程，是由可能到现实的过程。“主客观相统一”是我国刑法的基本原则之一。犯罪的主客观条件的统一是犯罪构成理论的核心。离开构成犯罪的主观条件来考察、认识犯罪，必然导致客观归罪。反之，就必然导致主观归罪，这是历史经验和司法实践的总结。犯罪的主观条件是构成犯罪不可缺少的要件，它是指行为人的犯罪目的和动机，故意或过失的心理态度，行为人的刑事责任能力和刑事责任年龄。具备了这些犯罪的主观条件，可以说是一种“犯罪”的可能，但尚未构成犯罪的现实。只有行为人主观见之于客观，付诸行动，具备犯罪的客观条件以后才构成犯罪。犯罪的客观条件是指犯罪的行为和犯罪的结果。犯罪是一种危害社会的行为，任何一种思想，哪怕是反动的思想，只要没有见之于行动，就不构成犯罪，因为尚未造成现实的社会危害性。惩罚“思想犯”是法西斯刑罚的产物，是与社会主义民主和社会主义法制原则根本对立的。新中国成立以来的司法实践经验证明，坚持犯罪构成的主客观条件相统一的原则，才能正确地运用刑法武器准确打击敌人，惩罚犯罪，保护人民。反之，就会造成冤假错案。特别是文化大革命的惨痛教训，从反面证明坚持这一原则的重要性。从唯物辩证法的角度上看，就是要严格区别犯罪的可能和犯罪的现实，不能把犯罪的可能当作犯罪的现实，也不能把犯罪的现实当作犯罪的可能。

犯罪是一种转化过程，这个过程是分阶段的，故意犯罪一般有犯意表示—犯罪的预备—犯罪行为的实行—犯罪的既遂几个阶段。从犯罪的可能和现实的关系角度考察，主要是划清犯意表示和犯罪预备的界限。行为人仅仅有犯意表示，可以说只是一种犯罪的可能。所谓犯意表示，是指行为人在实施犯罪活动之前犯罪思想的流露。犯意表示只是行为人的主观态度。如甲与乙素有积怨，一天甲与乙又因小事吵架，事后，甲在朋友中扬言要把乙杀掉，这就是一种犯意表示，这种犯意表示虽然表明甲有杀乙的犯罪意图，但仅仅限于说说而已，并没有付诸行动，没有对乙的生命造成实际威胁。因此，还只不过是甲的犯罪思想的流露，尚未构成犯罪。犯罪预备就不同了，我国刑法第十九条规定：“为了犯罪，准备工具，制造条件是犯罪预备。”上面说到的甲，如果不仅有杀乙的犯意表示，而且上街买了把菜刀，回家把刀磨得锋利，并寻找下手的机会，这就已经进入犯罪预备阶段了，犯罪预备已经是犯罪现实的开始，已经不再是犯罪可能了。当然这种现实仅仅是开始，或者说尚未展开，但毕竟已经是一种犯罪现实，已经构成犯罪。因为这种行为不仅反映了行为人的犯罪意图，而且证明行为人积极地为着手实施犯罪做准备活动以便促使把乙杀掉这一预想的犯罪结果发生。这种行为已经对乙的生命权利构成实际威胁，如果不能被及时揭露或制止，则必然造成危害社会的结果。所以，我国刑法规定，预备犯也要负刑事责任，对于预备犯可以比照既遂犯从轻减轻处罚或者免除处罚。至于犯罪行为的实行，犯罪的既遂，是犯罪的现实这毫无疑问。与犯罪预备的区别仅仅在于这种犯罪现实展开的程度不同而已，这种展开程度的重要标志就是社会危害性的大小，它是定罪量刑的重要根据。至于已经着手实行犯罪，由于犯罪分子意志以外的原因而未得逞，即犯罪未遂，或在犯罪过程中行为人自动中止犯罪或自动有效地防止犯罪结果的发生，即犯罪中止，都属犯罪的现实，已经构成犯罪，只不过在处理上可根据具体情况作出免除或减轻的处罚。

（本文原载于《政法学刊》1992 年第 2 期）

西方国家犯罪的严重性及其研究的历史与现状

康树华

一、当今西方国家犯罪的严重性

犯罪已成为当今世界一个普遍存在的严重社会问题，被称为国际社会三大公害之一。犯罪问题不是孤立的静态的社会问题，它与一个国家的政治、经济、文化、历史等许多因素都有关系，并随着它们的发展变化而发展变化。在西方国家，生产力十分发达，物质生活也较为充裕，但是，由于资产阶级私有制占据统治地位，社会两极分化十分严重，所以，伴随着经济的发达，犯罪问题也日益突出。西方国家在社会道德、精神状态和生活方式等方面存在的颓废、空虚以及没落的阴暗面，滋生和影响着犯罪，导致犯罪剧增。1990 年 2 月联合国预防和控制犯罪委员会的一项研究报告表明，过去 10 年间全世界的犯罪数平均每年以 5% 的速度递增，超出了人口平均增长速度，也超出了许多国家和地区控制犯罪的能力。欧洲委员会曾委托荷兰一家民意调查公司于 1989 年进行了犯罪案件的调查。调查结果表明，在被调查的各国居民中，曾经成为案件受害者的比率是：美国 28. 8%；加拿大 28. 1%；澳大利亚 27%；荷兰 26. 8%；西班牙 19. 4%；联邦德国 18. 6%；比利时 17. 7%；挪威 16. 5%；芬兰 15%；日本 9. 3%。1995 年 11 月笔者到美国应邀参观波士顿的一个卫星城昆士市，据他们介绍该市 9 万人口中有 7 万人报警，警察署立案的有 5 万件，3 万件得到处理，可见被害人数之多。这些数字表明，犯罪已成为当今世界各国尤其是西方国家的一个严重的社会问题。而且，随着社会的发展变化，犯罪的动机、犯罪的形式以及犯罪的手段等，都出现了一些新的特点，并且产生了新类型的犯罪，诸如国家和跨国家范围的企业犯罪、有组织犯罪、白领犯罪、计算机犯罪、信用卡犯罪、毒品犯罪、国际暴力犯罪等等。衡量一个国家的犯罪严重与否，数量是标准之一，更重要的是大案、要案，因为大案、要案直接造成社会成员生命和财产严重损失。据美国联邦调查局统计，1963 年至 1983 年的 20 年间，美国死于暴力犯罪的人数达 44 万人，受伤者达 170 万人。仅暴力犯罪所造成的死亡人数就超过了美国于第二次世界大战期间在各国战场上死亡人数的总和。根据一份资料记载，美国在海湾战争中伤亡的人数，还不及美国暴力犯罪一天的伤亡人数。美国 60 年代平均每一分钟发生一起暴力犯罪；进入 80 年代，平均每 21 秒就发生一起暴力犯罪。美国学者自己也承认，美国既是世界上经济、科学技术最发达的国家，同时又是“犯罪的王国”。进入 80 年代以后，美国犯罪逐年递增，每年平均高达 1 300 万起。这也给美国国家财产造成了巨大损失。据统计，美国每年有 200 万以上不到 18 岁的少年被捕，仅由少年犯罪所造成的直接经济损失就达到 10 亿美元。美国警察部门和司法机构，每年用于支付拘留、管理犯罪青少年的经费，大约达到 600 亿美元，这大大超过美国在文教卫生事业方面的支出。可见，美国因犯罪所造成的后果十分严重。不仅美国如此，世界上大多数国家都在经受并将继续经受犯罪问题的困扰。

我们从犯罪给各国政府和人民生命财产所造成的损失中，完全可以看出：在和平时期，犯罪是对一个国家乃至人类发展最大的威胁。“和平与发展”是当今乃至整个 21 世纪的主题，是全世界一切爱好和平的国家和人民的共同心愿。然而，“和平与发展”的取得不会是一帆风顺的，它的主要威胁来自两个方面：一是战争；一是犯罪。而且事实早已证明，战争的威胁是区域性的，即使像第一次世界大战和第二次世界大战那样的世界大战，就全世界范围来说，它也仅限于一定的区域，而犯罪的威胁则是全球性的。另外，战争的威胁是暂时的，犯罪的威胁则是长期的。因此，从这种意义上说，犯罪对世界的威胁超过了战争，犯罪使人类社会付出的代价大大超出了战争。为此，有人把与犯罪所进行的斗争，比喻为和平时期的战争。这种比喻是有说服力的，其目的就在于引起我们对犯罪问题严重性的高度重视。

二、西方国家关心和重视犯罪问题研究

由于犯罪给各国政府和人民生命财产造成严重损失，犯罪问题已成为当今世界各国政府最关心、最忧虑的问题之一。犯罪如此严重，迫切需要加强犯罪研究，寻求其产生的原因，找出犯罪的发展规律，以便采取相应对策治理犯罪。西方国家关心和重视犯罪问题研究，主要表现在：

（一）在国家首脑部门设立专门机构研究犯罪问题

例如，美国总统之下设立了犯罪调查委员会以及预防与控制犯罪委员会，专门对犯罪进行调查研究，探索犯罪原因，为总统预防与控制犯罪提供决策性意见；日本总理府之下设立了青少年对策本部，这个本部是由专家学者组成的，对治理青少年犯罪作出决策。

（二）建立专门以犯罪研究为主要目的的研究机构

例如，日本的法务省建立了法务综合研究所，警察厅建立了科学警察研究所。

日本法务省建立的法务综合研究所，设置犯罪研修部、研究部以及国际合作部，拥有100多人，其中研究犯罪的都是法律学、社会学、教育学、心理学、统计学、精神病学等方面的专家。研究部从1960年以来，每年都编辑出版《犯罪白皮书》，向全国人民公布当年的犯罪动向。此外，联合国亚洲远东预防犯罪研修所设立在日本，由日本作东道国，由法务综合研究所主办，招聘外国的犯罪学者和有关政府官员、组织进行犯罪研究。

日本警察厅创办的科学警察研究所是由过去的科学侦查研究所改组，于1959年4月在新增加交通部门和防范少年犯罪部门后而成立的。这个研究所的活动倾向于现实性与实用性方面的研究。但是他们也很重视犯罪者、不良少年的心理研究，以及由犯罪学、社会学、心理学等专家所进行的关于犯罪预测、犯罪发生的环境和各种原因与条件等方面的研究。

美国政府除建立全国犯罪咨询委员会之外，各有关部门还成立了许多研究犯罪问题的专门机构。

（三）在各大学都设置了犯罪学课程

美国的犯罪学课程不仅在法律系设置，在社会学系也备受重视，普遍

开设；一些人文学科也开设了犯罪学课程。总之，许多高等院校都开设了犯罪学课程，并且授予硕士与博士学位。美国很重视培养犯罪学研究的专门人才。例如，美国芝加哥大学的伯吉斯、帕克、思雷舍等教授致力于城市和社区的社会经济条件与犯罪关系研究，从而创造了芝加哥学派，在国际上享有盛誉。

在日本，各大学也普遍开设犯罪学课程，但名称不同。日本的法学部共有70多个，其中国立大学19个，公立大学3个，其余49个都是私立大学的法学部。日本各大学的课程设置，根据文部省规定，由各大学自行决定。法学部的课程设置，除社会需要之外，与各种国家考试有着密切的关系。犯罪学根据司法考试法规定，由“刑事政策”所替代，为此，日本大部分法学部设置的犯罪学课程叫做“刑事政策”，也有叫做刑事学的。但是，他们出版的教科书，有的叫“刑事政策”，更多的专著称为“犯罪学”。

（四）成立了犯罪学会，出版了专门刊物

在美国，犯罪学研究很活跃，犯罪学会每年都召开一次学术讨论会。日本亦然，日本犯罪学的全国性研究团体，主要有日本犯罪学会、日本犯罪心理学会、日本犯罪社会学会。专业性杂志较多，有《犯罪学杂志》、《犯罪社会学研究》和《犯罪心理学研究》。此外，还有《警察研究》、《更生保护》、《罪与罚》、《法律广场》和《犯罪与非行》等20多种。

三、西方国家犯罪研究的历史与现状

可以这样说，有了犯罪，就有犯罪问题的研究。但是，作为比较系统的有关犯罪问题的理论观点，则是伴随资本主义发展，犯罪日益严重化，特别是资本主义发展到19世纪以后，犯罪成为社会的一个突出矛盾之后才逐步形成的。这一时期累犯、青少年犯罪日益增加。据统计，当时的美国累犯占犯罪总数的35%～40%，青少年犯罪占犯罪总数的25%～30%。同时，工业化带来城市人口的集中，被压迫阶级、阶层和人民日益贫困化，失业、流浪的人数急剧增加。资本家为了追逐利润，互相倾轧，采取各种非法手段和犯罪手段，致使犯罪日益严重化，这必然引起政府和公众对犯罪的关注。因此，西方国家一些人开始针对上述情况，探索资本主义社会中日益严重的犯罪问题。

（一）西方国家犯罪研究的历史

19 世纪前期和中期，犯罪问题的研究着重于犯罪社会学方面。也就是说，学者们首先把犯罪作为一种社会现象，并用社会因素来解释犯罪产生的原因。这一时期最有代表性的是比利时统计学家阿道夫·凯特勒。凯特勒在犯罪问题研究方面有几部影响较大的著作。他在《论人与人的能力发展——社会物理学的尝试——年龄决定犯罪倾向的研究》一书中，对法国 1828—1831 年的杀人案件进行了统计，并通过对法国的犯罪分析得出结论。他认为：气候、年龄、性别和一年四季中的一些因素，都对实施犯罪有所影响。“在一定程度上，社会本身为犯罪创造了条件，而实施犯罪的人只不过是一个工具。”犯罪有社会影响的重要一面，但“实施犯罪的人只不过是一个工具”的观点，忽略了人的个性，忽略了人的意愿，忽略了自我创造和自己操纵自己命运的能力。归根到底，忽视了人的主观能动性。显然，这种理论观点是错误的。

19 世纪后期兴起犯罪人类学派。犯罪人类学派的创始人是龙勃罗梭。他运用实证方法对犯罪人进行研究，以犯罪人的人格特征取代了刑事古典学派所提倡的犯罪是一个人出于功利主义考虑、自由意志选择的观点，也扬弃了凯特勒的“实施犯罪的人只不过是一个工具”的观点，提出“天生犯罪人”的理论。龙勃罗梭从人类学的角度通过对死刑犯头盖骨的头型研究和犯罪人体格差异、精神状态的分析，提出“天生犯罪人”类型说。他认为这类犯罪人具有“先天遗传”的特征。龙勃罗梭这种对犯罪人的主观恶性和人格特征的实证主义研究，把犯罪的研究“从神学和形而上学的桎梏中解放出来”，把犯罪现象当作一种自然现象来研究，并认为对罪犯的这种实证的研究是一种科学的研究。应该说，这是龙勃罗梭对犯罪研究的巨大贡献，但他主张的犯罪是“先天遗传”——“龙生龙，凤生凤，老鼠生来会打洞”的主观恶性观点，则是错误的。

20 世纪上半叶是西方犯罪学研究发展的鼎盛时期。在这时期，犯罪学研究已经在许多国家蓬勃发展起来。犯罪社会学、犯罪心理学研究占据了犯罪学研究的主要领地，而犯罪人类学研究则处于次要地位。

进入 20 世纪，将犯罪不作为“先天遗传”而当作一种社会现象的研究方法，则成为西方犯罪学研究的主流。在这方面，美国取代西欧处于领先地位。美国犯罪学家从经济、社会结构、文化冲突、家庭环境甚至阶级与阶级关系等多种社会因素方面分析了犯罪原因，提出了各种各样的理论观点，并形成了美国的犯罪学派。

20 世纪 20 年代，美国的犯罪问题正成为社会中最主要的问题之一。尤其是芝加哥地区的集团性暴力犯罪十分猖狂，盗窃、杀人、抢劫等恶性案件不断发生。在这种情况下，芝加哥大学的一批社会学家开始研究城市和社区的犯罪问题。他们把主要精力集中于研究城市和社区的社会经济条件与犯罪的关系，以及职业性犯罪问题与犯罪预测和假释等问题。芝加哥大学伯吉斯和罗伯特·帕克以及克利弗德·肖、麦凯、思雷舍等人集中研究环境对个人的影响。

帕克把社会环境作为研究基础，专门研究了城市犯罪生态学。他十分确信，环境因素产生个人犯罪行为。思雷舍对城市犯罪的地理分布进行了研究，克利费德·肖也提出犯罪高发点在城市中心部位理论。他们都认为，城市的不同地区犯罪率不同，与社会经济因素和其他因素有关。比如，一些与城市病态现象相联系的生活因素，诸如人口激增、生活费用昂贵、市政工作效率低下、物价飞涨、工资下降、下层社会的落后和混乱现象以及缺乏社会组织和制度等，都会引发大量犯罪。在此研究的基础上，他们提出了“犯罪生态学论”、“犯罪同心圆论”和“社会解体论”，从而形成芝加哥学派。

“犯罪生态学论”就是依据生态学理论，对犯罪的空间分布以及犯罪与社会环境之间的关系进行研究的理论。这一理论特别重视将青少年犯罪的原因与一个城市的分布情况以及其他环境（家庭、学校）联系起来考虑。“犯罪生态学论”认为，一个城市的某一地区的犯罪率比其他地区高，是城市发展过程中的自然产物。他们举例说，在芝加哥市发展中有一个地区的犯罪率高，这是因为这一地区以前商业发达，住宅建筑较好，有钱人较多；随着社区的变迁，这里逐渐变成房屋破陋，“人们不愿住的地方”。而居住在这个地区的人大多数是“没有特殊技术”的穷人；仓库、廉价影院、当铺和饭馆充斥其间。人口流动频繁，促使了文化多样性；有限资源则加剧了生存斗争。人口持续流动、混杂，造成一种有利犯罪高发的地域环境。

“犯罪同心圆论”是伯吉斯、思雷舍、克利弗德·肖、麦凯等人在地图上标示、研究芝加哥犯罪情况后提出的理论。他们将芝加哥市划分为五个围绕同一圆心而形成的地域，即中心商业区、过渡区、工人住宅区、较好住宅区和往返区。他们认为越是远离城市中心，青少年犯罪率越低，犯罪多发生在过渡区。所谓过渡区，是指自然社区之间的间隙地带，这些地带组织机构不健全或处于瘫痪状态，无人管理。

“社会解体论”认为，以亲属、情爱、朋友等关系为内容的非正规社会关系，对犯罪的影响远比正规的社会关系更为主要。前者的情形决定着社会群体的组织程度。社会解体就是这种非正式关系的解体。为什么社会会解体呢？他们的回答是：这是社会生活中的共同规范消失、共同体观念缺乏或消失的结果。处在这样的社会生活中的每一个人，其社会义务观念必然混乱，滋生享乐主义和互不信任。个人的解体，必然造成家庭的解体、亲友的解体、近邻的解体乃至城市地区的解体，这一系列解体现象则导致犯罪。因为人与人之间的交往越少，其活动就越少被人发现，控制和阻止他们犯罪的可能性就越小，都市化程度与社会解体程度成正比，而社会解体程度与犯罪率也成正比。

芝加哥学派对美国犯罪学研究产生了巨大的影响，它不仅盛行于20世纪30年代的美国，而且对西方的犯罪学也产生了重大影响。在这一时期，犯罪心理学和精神病学对犯罪的研究，也有一定的成果与影响，诸如心理分析论、精神医学论、心理增强论、人格特质论等。这一时期的实验心理学和临床心理学的研究，都为犯罪学的研究提供了方法论基础，并对犯罪学的研究作出了贡献，尤其是犯罪心理学对犯罪心理特征的研究提供了科学依据。但犯罪生物学研究，诸如性染色体异常论、双生子论、内分泌论、体型性格理论等等，并没有引起众多犯罪学家的兴趣，相反受到了批判。

（二）当代西方犯罪学研究的现状及其发展趋势

随着美国犯罪学研究的发展，美国犯罪学中出现了各种论述犯罪问题的社会学观点。其中影响最大的是“不同接触论”。它是美国犯罪学者埃德温·萨瑟兰在其1939年出版的《犯罪学原理》一书中提出来的。这个理论认为犯罪是学习、模仿得来的，它注重于个人社会交往关系，而不重视个人的特征或特殊性。另外，运用社会学解释犯罪问题的理论观点，还有不同机会论、对抗理论、冲突理论、亚文化群论、控制论、烙印化理论等。

当代西方犯罪学研究新的发展趋势主要有如下几种：

第一，犯罪原因“多元论”的范围日益扩大。犯罪的原因究竟在哪里？西方犯罪学者挖空心思地到处搜索。从个体因素方面来说，他们从外表的体型、皮肤颜色、头盖骨形状，一直找到内部的染色体、内分泌激素、心液、脑神经变化等等。从社会因素方面来说，他们从贫困、失业、流浪街头、落后、科学不发达这一个极端找到财富集中、人口稠密、都市化和工业化的另一个极端。此外，还有诸如父母离婚、遗弃、父母性格粗暴、贫民窟和接触“下层”人多等原因。总之，他们几乎把资本主义社会的每一个微观方面都与犯罪原因联系起来进行研究，在此基础上提出了犯罪“多元论”。犯罪的多元论观点，并不是什么新的创造，在西方犯罪学说中早已有之。比如李斯特提过“二元论”，菲利提过“三元论”。现在西方犯罪学者所主张的犯罪原因上的“多元论”观点，在其范围上日益扩大。例如，继美国犯罪学者希利于 1941 年出版的《个别的犯罪》一书中提出“犯罪是由于广泛因素集中影响所产生的”之后，齐宁又在其《犯罪学与刑罚学》一书中把犯罪产生的原因，喻为人体结构、社会影响、教养缺欠、贫困以及习惯、风俗、思想、信仰等因素构成的一个行为人的“舞台”，各种因素在舞台上扮演着各自的角色，从而产生犯罪。

西方国家的犯罪学者在“多元论”的原因研究中，虽然也认为犯罪的原因是“大量的互相联系的因素相互作用的结果”，但他们没有指出私有制的资本主义以及私有观念这个犯罪的根本原因，只是罗列了大量的犯罪因素，却没有分清主要的和次要的犯罪因素，更没有分清内在根源和外在条件，甚至以次要的、非本质的、偶然的因素，代替主要的、本质的、必然的因素。

总的来讲，上述种种犯罪学的理论观点，除冲突理论之外，所有其他犯罪学理论基本上都是从微观角度对犯罪原因所进行的探讨，忽视或者不愿对犯罪问题进行宏观分析和研究。这也是西方国家犯罪学理论一大特点。正因如此，这些犯罪学理论仍然是实证主义的，用以解决西方资本主义的犯罪问题，收效甚微。

第二，在治理犯罪方面，着眼于治标的措施。鉴于犯罪原因“多元”的范围日益扩大，因而他们在治理犯罪方面，提出了种种对策。归纳起来说，大致可以分为三种最基本的对策模式：一是控制模式。这种模式认为，一个人之所以走上犯罪道路，是由于受外部社会环境的影响造成的。因此，主张在刑事司法实际运用领域中，采取拘押、逮捕、监禁、奖赏以及其他类似的控制措施。二是医疗模式。这种模式认为，违法者是一个不能很好地适应社会环境的人，他们需要心理治疗、个别对待、教育、劝导以及其他形式的帮助。三是社会基因模式。这种模式认为违法者是环境的产物，因此需要改变其社会地位和经济状况，其中包括家庭条件与环境以及其他微观社会环境，诸如学校、社区等环境。这三种治理犯罪对策的模式，总起来说，其目的都在于解决与犯罪者和违法人直接相关的那些具体问题。这固然很重要，但是，这实际上是一些治标的措施，解决不了资本主义国家犯罪的根本问题。

第三，环境预防等社会参与预防在预防犯罪理论中颇具影响。在20世纪中后期，犯罪问题特别是青少年犯罪问题，日益引起各国重视。关于预防犯罪的思想和理论也摆脱了单纯的理论探讨，开始注意切实可行的效果。为此，犯罪学家们提出了一些具体的、比较可行的专门性预防犯罪理论。这标志着预防犯罪思想和理论在西方国家的发展进入了一个新阶段，其中环境预防、社会参与等预防犯罪理论，影响较大。

环境预防论，主张从研究犯罪产生的原因或条件出发，在环境设计上堵塞犯罪的可能性，或者说创造一种不能实施犯罪的环境，从而消除或限制企图犯罪作案的原因或条件，以达到预防犯罪的目的。该理论的主要倡导者是雷·杰弗瑞、奥斯卡·纽曼等。北美学者杰弗瑞在其1971年所写的《利用环境设计预防犯罪》中说，如果某种环境产生某种类型犯罪，那么“改变这种环境就可能显著减少这种类型的犯罪”。美国学者纽曼在1972年所写的《可防卫的空间：通过城市设计预防犯罪》一书中说：“既然我们不能抑制人们的犯罪动机，我们何不从犯罪的目标与条件上去限制犯罪，因为，众所周知，没有作案的目标和条件，犯罪是不可能发生的。”他还列举了一些容易给犯罪提供机会的地区环境，如照明太差、太简陋、门窗容易进入，以及人员复杂、流动性大的汽车站、地下铁路车站等。他提出要减少犯罪，必须创造良好环境，如社区建筑美观舒适、布局合理、生活方便、有娱乐消遣场所等，这能够使社区居民消除孤独感和疏远感，愿意承担社区义务，在该区受到威胁时能自觉地采取行动，从而使犯罪分子不敢轻举妄动。归纳起来说，环境预防主要内容可以分为如下三个方面：首先是制造作案障碍。其次，制造犯罪“得不偿失”的条件，增加犯罪分子被抓、被判刑的可能性，使其感受到刑罚的威慑，以增大其失的方面，而威慑的最大发挥，不在于刑罚之重，而在于违法必究，罚当其罪。最后，加强正规（警察和司法人员）和非正规（居民、邻里、亲友）的监视巡逻，使犯罪分子不敢轻易动手。目前，国外较通行的是“社区预防”、“邻里守望”，即发动街区的居民所采取的以“环境预防为主要内容的行动”。

社会参与预防论，也称公众参与论。就是动员社会公众参与预防犯罪的活动，用以协助刑事司法机关与犯罪分子进行斗争，从而更加有效地控制和减少犯罪的理论。美国全国犯罪咨询委员会1973年在关于刑事司法的标准和目标的文件中，特别提到了公众参与犯罪预防的问题。

文件指出：“公众参与解决犯罪问题为警方、法院、矫正机构所急需。”美国学者科菲则进一步指出：“公众参与犯罪预防不仅是需要的，而且是必需的。刑事司法系统能否成功地对付大量的违法犯罪问题，在很大程度上依赖于公众的参与活动。”“司法系统只能控制犯罪的一部分，因此，有相当一部分犯罪需要预防。”波兰学者霍利斯特指出：“犯罪作为一种普遍现象，正渗透到现代生活许多领域，侵犯着公共与个人的利益。因此，消除犯罪现象，不仅是法院、检察院、警察机关和监察部门等专门国家机关的任务，而且应当是整个社会关心的事情。”目前“公众参与论”在国际社会受到广泛重视，“邻里守望”、“社区预防”等形式的公众参与犯罪预防的活动遍及许多国家。

总而言之，专门从理论上探讨预防犯罪的问题，是西方国家犯罪学研究的一大进步，它表明人类对犯罪及其预防的认识又登上了一个新台阶，特别是其理论的切实可行性，有力地推动了预防犯罪实践的发展。其中，对预防犯罪实践影响最大的，就是环境预防论和社会参与论，这两种理论把重点放在改善环境上，一是消除和减少犯罪的条件；一是广泛发动群众，使得公众积极参与预防犯罪活动。这一改传统的治理犯罪主要靠刑事司法系统，主要针对罪犯的刑罚、矫治、感化和改造的事后预防或称个别犯罪预防的策略和方法，开拓了事前预防或称一般犯罪预防的新领域，使预防犯罪理论无论从广度和深度，都超出了以往治理犯罪的理论与观点，极大地推动了犯罪学研究的发展。

西方国家犯罪学研究所取得的成就，特别是近200年来西方犯罪学理论观点的发展，给人诸多启迪，发人深省。应该说这是人类知识宝库中的丰硕成果，其中许多精彩部分，是值得我们借鉴的，并促使有志于犯罪学研究者，踏着前人的足迹去探索犯罪学研究中未知的领域。

另外，西方犯罪学理论也存在较大的局限性。犯罪问题研究总体目标，理所当然要立足于揭示犯罪动机萌生的原因、犯罪行为产生的条件以及犯罪现象发生的规律，有针对性地采取相应对策，以便达到预防、控制、减少和最终消灭犯罪的目的。但是，西方国家的犯罪学者不管自觉或不自觉，他们的通病都是只重视微观犯罪现象研究，忽视或者不愿意进行宏观犯罪现象研究。也就是说，他们的犯罪学理论观点，只是从犯罪一个侧面研究犯罪问题，难以避免其片面性。据此采取治理犯罪对策，难以奏效。即使他们提出了正确的理论，并根据这种理论，提出了正确的对策，甚至制定出正确的预防和控制犯罪的具体措施，但由于这些对策和措施在实施中会触犯有产阶级的利益，势必遭到极大的阻力，以致失败。这方面的事例，不胜枚举。

（本文原载于《政法学刊》1997年第1期）

简论黑社会性质犯罪

赵　可

一、黑社会犯罪是有组织犯罪发展的高级阶段

我们所说的有组织犯罪，从广义上说，包括一般性团伙犯罪、集团犯罪及黑社会犯罪，是三者的总称。其中一般性团伙犯罪是有组织犯罪的初级发展阶段，通常所说的集团犯罪是其中级发展阶段，而黑社会犯罪则是其高级发展阶段。

我们之所以把黑社会犯罪称之为有组织犯罪的高级发展阶段，是因为它完全具备了有组织犯罪的所有特征：

（一）有组织，而且其组织形式多样，结构层次分明，自成一个完整的组织系统

这种组织系统恰似一个金字塔形：塔顶为首领层，塔中为指挥和保护层，塔底为行动层。首领层的人是犯罪组织的组织者和领导者，是犯罪计划的策划者和制订者，一般由犯罪组织的头目和核心骨干组成。首领一般躲在幕后，不直接参与具体犯罪活动，或者很少直接参与具体的犯罪活动。他们，特别是首领，在社交活动中有体面的社会职业和身份，彬彬有礼，经常与上层社会有交往，有的还捐助社会慈善事业等。指挥和保护层包括：一是犯罪组织的主要骨干，他们负责具体犯罪活动的直接指挥并参与具体犯罪活动；二是负责组织头目即领导层的安全保护的人；三是与犯罪组织有密切关系并通过自己的权力、社会地位和职业为犯罪组织效力的人。如某些政府官员和国家公职人员、医生、律师、银行职员等。他们本身不是犯罪组织的成员，但他们对犯罪组织的犯罪活动起着保护作用。执

行层是犯罪组织的一般成员，他们的任务就是按照组织中直接指挥者的要求，进行具体犯罪活动。

（二）组织成员众多，分工明确

这类犯罪组织少则数人、数十人或上百人，多则数千人，甚至数万人，其中主要成员基本上是职业罪犯，多数成员有犯罪史，犯罪能量大，犯罪经验丰富，手段残忍。他们聚集起来，形成犯罪组织或犯罪联合体。

（三）有自己的组织纪律和行为规范

在犯罪组织内部有严格的帮规、纪律，有专人负责执行，每个组织成员必须严格遵守，违者给予严厉的制裁。

（四）犯罪目的明确，主要是获取巨大的经济利益

凡是有利可图的地方，就有有组织犯罪的影子。其主要目的是获取经济利益，因此有组织犯罪主要集中在各种商品流通和其他各经济领域。他们通过提供非法商品和非法服务，进行巧取豪夺，聚敛不义之财。

（五）从事多种刑事犯罪和经济犯罪活动

有组织犯罪的犯罪能量大，涉及领域广，社会危害严重。它主要从事大量盗窃，抢劫，杀人，诈骗，敲诈勒索，走私武器、汽车、香烟等，贩卖毒品，绑架，拐卖人口，组织赌博和卖淫，组织偷渡以及伪造票据、进行信用证和信用卡诈骗、洗钱等各种刑事犯罪和经济犯罪活动。

（六）以暴力、威胁、恐吓和腐蚀为主要犯罪手段

以暴力为后盾，通过威胁、恐吓等手段，获得巨额犯罪收入，是有组织犯罪惯用的伎俩，而用大量金钱贿赂和腐蚀政府官员，其目的则在于寻求保护伞，以求更大的发展而不被揭露。同时，为了达到其犯罪目的，它们往往以合法生意和合法身份掩护其非法活动。

（七）通过投资办企业以及其他活动和方法，使非法收入合法化

通过各种合法和非法的手段和途径，把犯罪收入合法化，即洗钱，是有组织犯罪逃避法律制裁并使大量的犯罪资本不断增值的基本手段。

（八）拥有自己的武装及各种现代化通讯工具、信息设备和交通工具

其目的在于：一是保护自己的犯罪组织；二是排除犯罪市场的竞争对手和争夺地盘；三是对抗和逃避执法部门的打击。

任何事物的发展都有一个从低级向高级发展的过程。犯罪组织也不例外。国外的上述犯罪组织早已经完成了这个发展过程，进入了有组织犯罪的高级发展阶段。我们所说的黑社会，就是有组织犯罪发展的高级阶段。

二、黑社会性质犯罪就是黑社会犯罪

黑社会性质犯罪属于有组织犯罪，这是毫无异议的。但黑社会性质犯罪是否为黑社会犯罪，对此人们有着各自不同的看法。

归纳起来，目前存在两种观点：一种观点认为，它是普通的犯罪集团向黑社会转变的过渡形态，不是黑社会犯罪；另一种观点认为，它本身就是黑社会犯罪的一种表现形式，属于黑社会犯罪。

我们赞成后一种观点，因为：

第一，在我国刑法中明确规定了黑社会性质犯罪的概念及其表现形式和基本特征，对组织、领导和积极参加黑社会性质犯罪组织的人规定了相应的刑事责任。这说明，黑社会性质犯罪组织不仅存在，而且有了一定程度的发展。有的地方黑社会性质犯罪还很严重。这类犯罪组织既不同于普通的犯罪集团，也不同于典型黑社会。但从其犯罪的基本特征看，它已具备了黑社会犯罪的本质特征，应当被归属于黑社会犯罪范畴。

第二，一切事物的发展都有自身的规律性，都有一个过程，都是从无到有，从小到大，从不成熟到成熟，因此，同一事物有着不同的发展阶段。自然界如此，人类社会也如此。黑社会作为有组织犯罪的高级形态，其本身也存在着组织化程度和组织规模大小之分，存在着其社会影响大小和对社会危害严重程度的差别，存在着其经济实力大小和政治渗透能力的差别等，因此，它也像其他任何事物一样，其本身也分层次和有不同的发展阶段，即有初级、中级和高级发展阶段和相应的三种表现形态之分，而并非一个模式。所以，我们认为，黑社会性质犯罪实际上就是黑社会犯罪的一个发展阶段和一个层次，即初级发展阶段和初级形态。进一步说，就是在黑社会性质犯罪这个阶段和这个层次上，也有其不同的发展模式，并非完全一样。

第三，黑社会犯罪的初级形态与其高级形态相比，在许多方面也存在着很大差别，尽管这种差别不是本质上的。黑社会性质犯罪处于黑社会发展的初级阶段，是一种不完全成熟的黑社会形态。

第四，从事物发展的一般规律看，黑社会性质犯罪这种发展形态并非中国特有。在所有有组织犯罪存在的国家和地区，黑社会性质犯罪，作为有组织犯罪发展的高级阶段——黑社会的初级形态，都是客观存在，无一例外，只是对这种犯罪形态的称谓不同而已。在某些国家和地区，虽然各种类型的犯罪组织同时并存，但由于其中那些历史长久、对社会影响最大、危害最严重的高层次的有组织犯罪，即黑社会，已成为社会的最主要威胁，因此，其他犯罪组织，包括类似于我们所称谓的“黑社会性质犯罪”组织，相对而言，只居于社会关注的次要地位。同时由于在世界其他国家和地区的刑法中和各国犯罪学研究中多使用有组织犯罪这个概念，并没有对其进行详细划分，所以也就不存在类似于黑社会性质犯罪这样的概念。由于目前我国存在的黑社会正处于黑社会发展的初级阶段，因此，“黑社会性质犯罪”这个称谓或概念就独居我国刑法之中了。

三、我国的黑社会性质犯罪

在我国，从20世纪80年代开始，有组织犯罪的初级形态，即一般团伙犯罪就迅速发展起来。从1983年开始“严打”，每年全国要摧毁各种犯罪团伙万个，甚至十几万个。但团伙犯罪并没有因此而减少。原有的犯罪团伙被摧毁，新的犯罪团伙又滋生和发展起来。在不断总结犯罪经验的基础上，各类犯罪团伙在组织方式上更加灵活多样，组织结构更加严密，手段更加狡猾和隐蔽，犯罪目的和犯罪行为方式也发生了很大变化。团伙犯罪本身经历了从量变到质变的发展过程。犯罪团伙的数量在逐年增长，质量也在不断提高。到了90年代中期，我国公安机关每年要摧毁10多万个各种各样的犯罪团伙。如此众多的犯罪团伙就成为黑社会必然产生和发展的土壤和组织基础。在此基础上发展起来的一些犯罪团伙，不再是原来意义上的犯罪团伙，而是黑社会性质的犯罪组织。

之所以称其为黑社会性质犯罪，我们认为，这是由现存这类犯罪组织的基本性质和特点决定的。它既不能等同于境外典型的黑社会，也不等同于旧中国的黑社会。它具有自己的特殊性：

（一）组织结构简单，组织规模小，成员人数少

从已揭露的这类犯罪组织看，在组织方式和组织结构上，它们同典型黑社会并无多大差别，但相对比较简单，有的甚至没有组织名称，而以“老大”、“大哥”等或以某一代号或公司企业名称来替代。组织成员人数，少则3~5人，多则数十人，而上百人的犯罪组织比较少见。这在组织规模、组织结构层次、成员分工、成员人数等方面与典型黑社会组织不能相比，如日本山口组成员有8万之众；意大利黑手党核心骨干5 000多人，党徒17 000多人；哥伦比亚麦德林卡特尔贩毒集团有大小头目250人，成员有25 000之众；我国台湾的黑社会组织“竹联帮”拥有28个犯罪组织，每个犯罪组织有数百人，总计上万人等。

（二）经济实力小

经济实力是黑社会赖以存在和发展的物质基础。具有一定的经济实力和获得巨大的经济利益是有组织犯罪追求的基本目标，也是黑社会的一个基本特征。在我国，黑社会性质犯罪组织的经济实力比较小，它们的犯罪所得或犯罪收入多者也不过数百万元人民币，而超过千万元的犯罪组织极少。它们还处于犯罪资本原始积累时期。不可否认，还有些发展层次较高的犯罪组织目前尚未被人们所认识，或未被揭露出来。这是因为它们根置于社会深层，以合法面目出现，犯罪活动十分隐蔽，有更强大的保护伞，并且正在通过各种合法与非法手段疯狂地积累犯罪资本。尽管如此，在我国，黑社会性质犯罪组织的经济实力同境外典型黑社会绝对无法相比。例如，在美国，黑社会犯罪的总收入每年可达到3 000亿美元，其中1/2来自毒品和赌博业收入；哥伦比亚贩毒集团每年运往美国的毒品价值达150亿美元；俄罗斯5 000多个黑社会组织，控制着35%的商业银行，40%的国营企业以及80%的合资企业，其合法与非法收入混合在一起，在国民经济总收入中占有相当的比例。

（三）存续时间短

境外典型黑社会组织有着自己漫长的发展史。意大利黑手党已存在一百多年，美国黑手党也有百年历史，日本山口组等暴力团存在的时间也近百年（1914年成立），旧中国的黑社会组织也一直延续至今（主要活动在台港澳地区和其他一些国家）。但在我国大陆，现存黑社会性质犯罪组织

则只有十多年的发展史，而真正能继续存在下去的，有影响的犯罪组织几乎可以说没有。这是由于我国政府采取了有力的打击和预防犯罪的各种措施，对黑社会性质犯罪进行了遏制，减缓了其恶性发展的势头。因此，在目前的社会条件下，像意大利、美国和日本等国以及我国台、港、澳地区那样的黑社会组织在我国大陆很难发展起来。即使出现，也很快就被发现和摧毁。他们不可能长期存在下去。

研究资料显示，就目前情况看，在我国黑社会性质犯罪组织存在时间比较长的也不到十年，即使有个别的超过十年，也属极少出现的现象。一般的黑社会性质犯罪组织从其产生到灭亡也不过 3 ~5 年。

（四）势力范围小，活动地域有限

一般来说，典型黑社会组织既在其国内占有一定的犯罪市场和地盘，又有较大的活动空间，甚至是跨地区、跨国界建立起来的犯罪联合体。而在我国，黑社会性质犯罪组织一般是在某一很小的地域范围内建立起来的，虽占有一定地盘，有一定势力范围，但其活动地域确实有限，真正跨地区、跨省区建立的这类犯罪组织非常罕见。当然，一些犯罪组织也经常进行跨地区、跨省区犯罪，但其势力范围并非是跨地区、跨省区的。目前虽已出现了如走私、贩毒、绑架、组织偷渡、洗钱等跨地区，甚至是跨国性的犯罪联合体，但其产生和发展也只有短短几年的历史，与境外典型黑社会还存在很大差距。

（五）我国黑社会性质犯罪组织绝大多数头目直接指挥和参与犯罪活动

众所周知，典型的黑社会犯罪组织的头目一般躲在幕后操纵，其一般成员甚至不知道其真正头目是谁。当犯罪组织的犯罪活动被揭露以后，只能惩处那些具体指挥和参与犯罪活动的组织骨干和一般成员，组织头目很难被追究刑事责任。这种现象在境外是司空见惯的。而在我国，黑社会性质犯罪组织的头目躲在幕后的很少，绝大部分组织头目直接指挥和参与犯罪活动。根据我们 1993 年对 55 个这样的犯罪组织的调查资料，有 96. 4% 的组织头目直接指挥和参与具体犯罪活动，只有 3. 6% 的头目躲在幕后操纵；根据我们 1997 年对 33 个这样的犯罪组织的调查，有 63. 4% 的组织头目直接指挥和参与具体犯罪活动，有 36. 6% 的躲在幕后操纵。这一变化说明，一方面，黑社会性质犯罪组织逐步趋向于成熟，加快了其发展步伐，缩短了与典型黑社会的距离；另一方面，同境外典型黑社会相比，绝大部分黑社会性质犯罪组织仍然处于黑社会的初级发展阶段。

四、黑社会性质犯罪组织的主要形成方式

黑社会性质犯罪组织形成的主要方式有以下七种：

（1）家族型。所谓家族型，就是指由一个家庭或一个家族的成员为基础形成的黑社会性质犯罪组织。即以血缘关系为核心形成的犯罪组织。我们知道，意大利黑手党就是家族型的典型代表。在黑手党形成早期，要想成为黑手党成员，必须与其有血统关系。黑手党头目必须是本家族内最有威望、最有本事并与上层社会关系最密切的人。以家庭为主形成的黑手党，不仅在意大利存在了一百多年，而且其势力已发展到美国。实际上，在世界各国，都存在着家族型的黑社会组织。

在我国，家族型是黑社会性质犯罪组织的一种类型。它的组织规模很小，一般是由一个家庭的两个或两个以上的成员，或者由同一家族的几个成员为主组织起来的。这类家族型犯罪组织也是地方流氓恶势力的一种类型。如辽宁营口市盖州县芦屯镇的段氏四兄弟为首的犯罪组织就是一个家族型黑社会性质犯罪组织的典型代表。段氏四兄弟连同其母亲为核心，亲友5人为骨干，网罗地痞流氓20多人，组成黑社会性质犯罪集团。该犯罪集团拥有武器和现代化交通工具、通信工具，豢养了10多条狼狗，向公众施展其淫威，对其周围群众造成心理压力。他们利用各种卑劣和强制手段积累犯罪资金一百余万元，强奸妇女28人，伤害无辜群众上百人，其中致残致死者11人，腐蚀政法干警24人，形成地方一霸，罪恶累累，罄竹难书。

（2）地域型。这是以一个地方有同学、朋友、亲戚等关系的人为主组织起来的犯罪组织。地域型的黑社会犯罪势力往往以累犯或惯犯为头目，以本地的一伙犯罪分子和游手好闲之徒为骨干而形成的，是典型的地方流氓恶势力。他们在一个地方称王称霸，垄断市场，插手民间纠纷，敲诈勒索，被称为“第二政府”、“第二派出所”、“第二法庭”。他们腐蚀地方基层政权中的腐败分子，甚至能左右地方基层政权机关的选举。例如，已被摧毁的广东中山市开发区五星村以黄某为首的地域型黑社会犯罪势力，就

是以本村地痞为主组织起来的。黄某为首的黑势力在本地开发区首先开办企业，雇佣保镖和打手，形成黑社会犯罪组织。然后通过暴力、恐吓和收买等手段，控制服务业和建筑业，收取保护费，强行组织赌博，强迫他人参赌，进行敲诈勒索等犯罪活动，由此成为本地暴发首富。接着他又利用自己乡镇企业家的身份和经济实力，参加村委会主任竞选，当了村委会主任。

（3）封建帮会型。这是以封建帮会的形式组织起来的黑社会性质犯罪组织，是地方流氓恶势力的一种类型。这类形式的黑社会性质犯罪组织带有浓厚的旧社会传统的封建帮会色彩，一般都沿用旧的封建帮会的名称和头衔。实际上是披着封建帮会外衣的现代犯罪组织。如重庆市涪陵地区以高峰为首的黑社会性质犯罪组织，就是以封建帮会的形式发展起来的。该组织成员达40多人，组织内部有严格的等级和帮规，并设立“舵爷”、“龙头”、“大哥”以及“天王”、“金刚”等头衔。实际上，该组织从事盗窃、抢劫、杀人、敲诈勒索、组织赌博、流氓斗殴等各种刑事犯罪活动。

（4）狱友型。这是由同一个监狱服刑期满被释放后的人相互勾结而形成的一类有组织犯罪集团。根据现有资料，在这类黑社会性质犯罪组织的头目和骨干中，大约有85%以上的人是惯犯和累犯，或是有某种前科劣迹。狱友型犯罪组织犯罪经验丰富，手段凶残，犯罪能量大，逃避打击的能力强，并且多拥有武器，一般进行最严重的刑事犯罪活动，如性质十分严重的杀人、抢劫、盗窃以及组织赌博、强迫卖淫、制贩毒品等。这类犯罪组织的头目和骨干对社会怀有极大的仇视心理，认为“人对人是狼”，人世界只有欺诈和仇恨，除此之外，没有真的、善的和美的东西。因此，这类犯罪组织是最危险、社会危害最大的黑社会性质犯罪集团。

（5）犯罪联合体型。这是由各种犯罪团伙和集团联合组成的一类犯罪组织形式。一般地说，犯罪联合体有两种形式：一种是松散型的，另一种是稳定型的。

所谓松散型的犯罪联合体，是指由互不隶属的两个或两个以上的犯罪组织为了共同的犯罪目的在同一犯罪过程中分工合作而形成的一条龙式的犯罪链。例如，走私、运输、贩卖、制造毒品的犯罪，往往不是一个犯罪组织就能够完成的。在许多场合，是由两个或两个以上的犯罪组织相继完成的，有些毒品犯罪是跨国性的，是相互勾结起来的跨国性犯罪组织分工合作的结果。如走私汽车的犯罪是由盗窃汽车、解体包装、偷运、接货、复原、市场出售等环节有机结合而完成的。参与其中的不是某一个犯罪组织，而是两个或两个以上犯罪组织的联合体。

所谓稳定型的犯罪联合体，是指由两个或两个以上的犯罪组织联合组成的犯罪组织。各犯罪组织是犯罪联合体的一个组成部分，但还允许保持自己原有组织的相对独立性，而总体上要服从于联合体。这种犯罪联合体组织庞大，人数众多，分工明确，犯罪能量大，社会危害最严重。

在我国，已经出现了犯罪联合体的雏形，如盗窃机动车、自行车的犯罪组织与专门销赃的犯罪组织进行了联合；拐骗妇女儿童的犯罪组织与贩卖妇女儿童的犯罪组织进行联合；制造毒品的犯罪组织与走私、贩运毒品的犯罪组织进行联合等。有些跨国性的犯罪组织还同某些国际犯罪组织相联合。一般地说，这类黑社会性质的组织属于职业化的有组织犯罪集团。

（6）渗透型。这里主要指台港澳黑社会对大陆的渗透以及国外黑社会对我国的渗透。其渗透方式：一是通过投资办企业在大陆发展黑社会势力；二是黑社会成员直接来大陆发展黑社会组织；三是与大陆犯罪组织相互勾结进行跨地区的犯罪活动；四是黑社会成员直接入境进行犯罪活动；五是国际性的黑社会犯罪组织，如日本的山口组等通过各种方式来我国发展黑势力；六是台港澳地区被通缉的黑社会成员来大陆“避风”，并进行犯罪活动等。

（7）跨国型。一般来说，进行跨国性犯罪活动的犯罪组织，大多数是黑社会性质的。这类黑社会性质的犯罪组织往往是借经商和做生意而进行盗窃、抢劫、凶杀、敲诈勒索等犯罪活动，从而形成跨国性犯罪组织，如被中俄警方联手摧毁的曾活跃在北京至莫斯科国际列车上的犯罪团伙，就是跨国性黑社会性质犯罪的典型案例。还有如国外黑社会组织与国内黑社会性质犯罪组织相互勾结，进行绑架人质，敲诈勒索，组织偷渡，贩卖人口，走私武器、香烟、汽车、毒品以及在海上抢劫、杀人等犯罪活动的犯罪组织，都是跨国性的。

五、黑社会性质犯罪的发展趋势

我们认为，根据现实状况，黑社会性质犯罪的发展呈现四大趋势：

（一）正在向黑社会的高级形态发展

第一，根据有关资料，我国公安机关每年要摧毁十多万个各种各样的犯罪团伙，但犯罪团伙并没有因此而减少，还在不断滋生和发展。这就为黑社会性质犯罪组织的存在和发展奠定了组织基础和内部条件。

第二，一般犯罪团伙不仅其数量在逐步增加，更重要的是其实施犯罪的质量在不断提高，连续不断的严厉打击，使犯罪组织的组织方式更加诡秘，犯罪经验更加丰富，犯罪手段更加狡猾，反侦查能力和自我保护能力在不断提高，犯罪的策略性、计划性、隐蔽性加强。这就为其存在和发展在时间和空间上创造了内部条件，也给打击这类犯罪组织带来困难。

第三，由于取证难，证人不愿意作证，以及越来越多的犯罪组织头目躲在幕后，不直接参与犯罪活动，所以即使一些犯罪组织的头目和骨干分子被揭露，也很难受到应有的打击。一旦时机成熟，他们就会卷土重来，其组织化程度和犯罪能量将会大大超过现有的状况，将会沿着更加严重化的方向发展。

第四，黑社会性质犯罪组织逐步渗透到各经济领域，并以公司企业为依托，从事合法的和非法的生意，更为主要的是以合法掩护非法，因此，他们的犯罪活动难以被发现，况且一些黑社会性质犯罪组织在比较短的时间内，已经通过各种合法的或非法的手段，积累了一定资产，经济实力大大增强，有了一定的经济基础。在这种情况下，他们就会利用这种优势来壮大自己的力量，以求更大的发展机会。

第五，社会中的各种腐败现象，尤其是政府官员中的腐败现象严重存在，这就成为黑社会性质犯罪赖以存在和发展的重要外部条件。如果这一重要条件不能消除，黑社会性质犯罪仍然会受到某些腐败分子的保护而向其更高层次发展。

上述因素的存在，一方面，促进了黑社会性质犯罪组织的继续产生、存在和发展；另一方面，加速了黑社会性质犯罪向黑社会的更高阶段转化。

（二）加速向经济领域的渗透

凡是有利可图的社会经济领域，黑社会性质犯罪和黑社会势力必然涉足。这是黑社会发展的主要途径和其能够长期存在的基本条件。为社会提供非法商品和非法服务，是一切黑社会获取巨大经济利益的捷径。为了获取更大的经济利益，黑社会性质犯罪正在发生新的变化。有的利用犯罪收入投资企业，开办公司，以“董事长”、“总裁”、“总经理”等头衔和合法身份招摇过市，以表面上的合法生意掩盖犯罪活动；有的躲在地下，制造、运输、贩卖和走私毒品，伪造货币，制造和贩卖假酒、假烟等，妨碍社会管理秩序；有的开办地下赌场和各种娱乐设施，聚赌抽头，敲诈勒索赌徒，组织、容留、强迫妇女卖淫，从中渔利；有的控制某种行业和强占某一市场，进行不正当竞争以及敲诈勒索，收取保护费；有的涉足金融市场，欺诈、蒙骗、盗窃、抢劫；有的通过贿赂手段，与政府部门和执法机关内部的腐败分子相互勾结，编制了一张秘密保护网，并在其保护下，进行走私、逃税等犯罪活动，使国家蒙受巨大损失，而这类“犯罪企业”却获得数十亿，甚至上百亿的犯罪收入。

所有这些黑社会犯罪的表现形式都充分说明，当前黑社会性质犯罪已经深深地植根于社会经济领域，并且在进一步发展。这类犯罪一旦在经济领域做大，就会成为一股强大的反社会势力。

（三）正在向政治领域渗透

要想获取巨额的经济利益和犯罪收入，缺乏权力的保护和支持是很难达到的。因此，促使掌权者腐败和将自己的势力渗透到权力部门，是一切黑社会组织必然要做的一件不可缺少的大事。因为这关系到黑社会的生死存亡。在中外黑社会发展史上，凡是能够长期生存和发展下去的，无一不是与当时的政治权力相结合的。因此，一切黑社会在其产生和发展过程中，必然要为自己的生存和发展寻找政治保护伞。这也是带有规律性的东西。

从现在我国已被摧毁的黑社会性质犯罪组织的情况看，绝大多数有保护伞，其差别在于，有的保护伞很大，很有力，有的则比较弱小。有些黑社会性质犯罪组织的保护伞已不是伞，而是网，是一个比较大的网络。寻找保护伞的手段，主要是贿赂和腐蚀。金钱万能，在黑社会看来，是一条“真理”。当然，不可否认，国家机关中的意志薄弱者、贪财者、变质者和道德堕落者大有人在。他们一旦被腐蚀，就会利用自己手中的权力，为犯罪组织服务，充当保护者的角色。如有的犯罪组织被揭露以后，与其有贿赂关系的国家干部多达百余人，真是触目惊心。

当黑社会组织在保护伞的羽翼下成长壮大起来的时候，它们会反过来成为这些保护伞的主宰者，要他们做什么，他们就得做什么。

正因为如此，所以在政府部门寻找保护伞和代理人，就成为黑社会性质犯罪活动不可缺少的组成部分。问题还不仅如此，黑社会犯罪势力还希望自己有一定的权力，同时还想使自己的骨干成员打进权力部门。现在看来，这已经不是他们的希望，而已逐步变为他们的行动了。根据调查资料，在个别地方，黑社会性质犯罪组织的头目开始参与地方基层政权领导人的竞选，有的已当上了村委会领导，有的被选为基层人民代表，也有的已经渗透进执法机关。

为其能够长期的生存和发展，一些犯罪组织的头目以合法身份和合法企业的名义开办社会慈善事业，捐助社会福利机构，进行教育投资等活动，以获取社会地位和社会的信任。

（四）国际化趋势

实践证明，黑社会跨国跨境犯罪已不鲜见。国内国外的犯罪组织相互勾结，进行毒品犯罪，组织偷渡，海上强盗，绑架勒索，走私汽车、武器、香烟和伪钞，洗钱等。这类犯罪风险大，利润高，因此，国内外犯罪集团不惜付出一切代价，采用各种手段，进行犯罪活动，逐步形成了内外勾结的跨国跨境的犯罪链。

中国是世界贸易大国，随着国际市场的扩大、全球贸易的大幅度增大、人口流动的不断增加和通讯信息系统的发展，国内外有组织犯罪必然利用这些条件涉足其中。尤其是那些具有雄厚经济实力的犯罪组织会捷足先登。它们会通过种种手段，继续向市场提供非法商品和非法服务。在今后一段时间内，走私毒品、药品、武器，组织赌博，伪造证件，组织偷渡，制造假钞，利用支票和信用卡诈骗，洗钱，欺骗性交易等跨国性犯罪活动将会进一步发展。一些黑社会性质的犯罪组织也必然加入跨国犯罪的行列，向着国际化的方向发展。

（本文原载于《政法学刊》2001年第2期）

劫持人质案件的概念、特点和类型

郝宏奎

一、劫持人质案件的概念

劫持人质案件是指犯罪分子以暴力手段控制一人或多人的人身自由，并以处死或伤害、折磨被控制者相挟持，强迫第三方或被控制者本人满足其某种要求的犯罪案件。由于被控制者成了犯罪分子满足其要求的“抵押品”，所以将其称为人质。犯罪分子劫持人质时，通常持有枪支、爆炸装置或刀具等犯罪工具。

在新中国成立之前，劫持人质犯罪案件无论在城市还是在乡村发案率都较高，犯罪气焰十分嚣张。为了求得人质的安然获释，人质的亲友常常不得不违心地屈从于犯罪分子的淫威，答应他们提出的苛刻条件。被害人深受这类犯罪之苦，无数个家庭因此倾家荡产，家破人亡。新中国成立之后，党和政府采取了一系列强有力的打击犯罪措施，社会治安局面焕然一新。劫持人质的犯罪案件在我们共和国的土地上曾一度近于绝迹。

然而，自 20 世纪 70 年代末 80 年代初开始，随着社会的急剧变迁，一些人的私欲极度膨胀，加之国外恐怖犯罪手段的传播和渲染，劫持人质犯罪又在我国死灰复燃，并呈现出逐步增多之势。同这类犯罪的斗争，既是一项急迫的现实课题，又是一项长期的工作任务。

二、劫持人质案件的特点

（一）犯罪分子多系胆大妄为的亡命之徒

劫持人质犯罪是一种以人的生命作抵押以满足犯罪人某种要求的犯罪案件。犯罪分子实际上是以他人的性命及自己的性命作赌注，以谋求某种目的的实现。犯罪分子采用这种极端的方式行事，实际上已到了孤注一掷的程度。尽管犯罪分子不是完全不计后果——他从内心里希望事件的结果能按自己预定的方向发展，但犯罪分子随时可能做出不计后果的极端行为。

针对犯罪分子的这一情况，警察在与犯罪分子对峙的过程中，应注意避免过度地刺激犯罪分子，以免使势态恶化。在进行心理攻势时，要避免从正面惧之以死，而应从侧面诱之以生。

（二）涉案人员具有多极性和复杂性

在劫持人质犯罪中，涉案人员情况相当复杂。犯罪分子和人质是最基本的案件当事人。此外，还有人质相关的第三方。这个第三方有时单纯地表现为警察，比如，被追捕之中的犯罪分子为了抗拒警察的抓捕，突然劫持人质相对抗，这时，与人质相关的第三方就只有警察。有时，第三方在发案之初只是人质的亲友或同事，当警察到达现场后，警察就成为案件的又一个方面的当事人。

这里，不应将警察视为单纯的案件处置主体。由于案件还处在发展过程之中，警察的言行对于案件的后果具有一定的影响作用，所以，从这一意义上讲，警察又是案件的当事人。

警察到达现场后，必须迅速弄清每一方当事人的角色，发挥好自己双重角色的职能，设法尽快理顺除犯罪分子以外的其他各方当事人的关系，使之形成共同对敌的统一战线。

（三）案件各方当事人意图各异，彼此之间存在一定的制约关系

案件各方当事人各有自己的不同意图，有些当事人的意图彼此尖锐对立，互相冲突；有些当事人的意图则相对一致。

犯罪分子希望既能使自己提出的要求得到最大限度的满足，又能逃避

打击；人质希望尽可能早地、平安地获得自由，并希望自己及亲友不付出或少付出代价；人质的亲友等关系人的意图与人质的意愿大体相同；警察则希望在人质不受到伤害、警察不付出伤亡代价的前提下解救人质，处置全案。各方当事人的意图之间，尤其是犯罪分子的意图与其他当事人的意图之间差距如此之大，是有其客观原因的。因为他们各有自己的筹码，并借以制约或要挟对方，以期实现自己的意图。比如，犯罪分子以人质为筹码，警察及相关各方反过来以犯罪分子的人身安全和法律后果为筹码。在案件处置活动结束之前，各方都希望将自己手中的筹码的功能和作用发挥到极致。

解救人质的过程实际上是一个筹码较量的过程。犯罪分子可以以随时伤害人质相要挟，讨价还价，但又不敢轻易伤害人质（尤其当人质只有一人时），因为一旦人质死亡，犯罪分子也就失去了护身符；警察可以以握有对犯罪分子的生杀大权为依托，以犯罪分子与人质之间的安危连带关系为杠杆，施展保护人质的策略与战术。

（四）案件表现为持续发展的动态过程，结果具有不确定性

在其他类型的犯罪活动中，犯罪分子往往围绕着一定的犯罪目的而实施特定的犯罪行为，犯罪目的、犯罪行为、犯罪结果三者之间具有一定的内在逻辑性和一致性。比如，杀人犯罪的犯罪目的是剥夺他人的生命，犯罪行为表现为能够致人死亡的各种行为，犯罪结果为被害人的死亡（杀人未遂除外）。在劫持人质犯罪中，犯罪目的五花八门，多种多样。犯罪行为也是动态多变的，对人质的暴力控制行为是其基本的、坚持努力的行为，但犯罪分子随时可能实施杀人、伤害、爆炸、纵火等犯罪行为。犯罪结果也随犯罪目的的满足与否及犯罪欲求的变化与否而飘忽不定，仅就人质的安危状态而言，就有三种可能的结局：安然无恙、伤残、死亡。

三、劫持人质案件的常见类型

对劫持人质案件进行分类，目的在于深入探讨和认识不同类型的劫持人质案件的特点，以便因案施策，增强处置活动的针对性。

从不同的角度，以不同的标准可以对劫持人质案件进行多种分类，下

面仅是基于实战的需要而进行的几种分类。

（一）隐蔽型与公开型

这是依据犯罪分子劫持人质犯罪行为暴露程度的不同所作的划分。犯罪行为连同犯罪分子尚未暴露的劫持人质案件，称为隐蔽型劫持人质案件；已经暴露的，则称为公开型劫持人质案件。

（1）隐蔽型劫持人质案件。即犯罪分子以隐蔽的方式将人质劫持而去，并将其隐藏起来，在不暴露自己身份的前提下，秘密地同人质的关系人沟通联系，胁迫他们满足其某种要求。在发案后一定时间内，犯罪分子及被其劫持的人质均处于隐蔽状态。这类劫持人质案件多是经过预谋的。

（2）公开型劫持人质案件。即犯罪分子在不回避有关群众和有关当局者的情况下，公然劫持人质，并公开向有关方面提出释放人质的前提条件和要求。有的犯罪分子甚至公然邀约有关人员或有关方面的领导人到场进行交涉。这类案件既有预谋性的，又有突发性的。

对隐蔽型的劫持人质案件，首先要经历一个侦查过程，以查明犯罪分子的身份、去向和人质的生死情况及扣押地点。侦查过程中应注意策略，以免使犯罪分子狗急跳墙，杀害人质。在查明基本情况，采取行动时，应精心设计，周密安排，力争智取或突袭，出其不意地救出人质，缉捕犯罪分子，以免形成对峙局面。

对公开型的劫持人质案件，受理之初也应根据情况区别对待。若案件仅暴露在有关群众面前，犯罪分子尚不知警察已经出面或不希望警察出面，警察则可秘密围控，相机处置；若警察已无可避免地要与犯罪分子正面接触，则可与其展开谈判，或适时予以武力解决。

（二）内部冲突型、外部冲突型、内外复合冲突型

这是依据案件所涉及的当事人的构成及其内部、外部关系状况的不同所作的划分。

（1）内部冲突型劫持人质案件。即矛盾冲突仅限于犯罪分子和人质之间，不直接涉及第三方的劫持人质案件。犯罪分子劫持人质的目的在于对人质自身作出某种处置，或迫使人质本人作出某种承诺、实施某种行为。这是一种特殊形式的劫持人质案件，犯罪分子提出的条件可以通过人质本人直接得到满足，而无须将人质作为筹码施加压力于第三方。比如，有的

犯罪分子劫持人质是为了向人质逼婚，或欲长期占有人质的肉体；有的犯罪分子控制特定对象的人身自由，企图待一定时间之后将其伤害、杀死或与其同归于尽。那么，在犯罪分子预定的动手时间到来之前，犯罪分子与被控制者之间实际上构成了一种劫持与被劫持的关系。警察接到报案后亦必须将人质解救出来。

（2）外部冲突型劫持人质案件。即犯罪分子将人质作为筹码，挟持与人质相关联的第三方满足其某种要求的劫持人质案件。这是一种最为典型的劫持人质案件，犯罪分子与人质之间原来并无矛盾冲突，犯罪分子劫持人质的目的，是为了要挟与人质相关的人答应其提出的条件。比如，图财型的“绑票”案、被追捕的犯罪分子劫持人质以拒捕的案件，均属此类。

（3）内外复合冲突型劫持人质案件。即犯罪分子分别同人质及第三方存在着矛盾冲突的劫持人质案件。这类案件又可分为两种情况：

一种是原发型的，自劫持犯罪行为开始之时起，这种复合的矛盾冲突就存在。一方面，犯罪分子同人质之间存在一定的矛盾纠葛，其对人质的劫持本身就带有一种泄愤的动机；另一方面，犯罪分子又把人质作为挟持第三方的筹码。

另一种是转化型的，起初，案件是一种内部冲突型的劫持人质案件，当警察出现后，犯罪分子又把人质作为抗拒缉捕的筹码，矛盾冲突由单项发展为双项。

在这三类劫持人质案件中，犯罪分子的心理状态各不相同，警察在处置过程中，应区别情况，对症下药，因案施策。尤其对于内部冲突型的劫持人质案件，一定要慎重，接报案后，只要条件许可，警察应尽量不与犯罪分子正面交锋，以免使之转化为内外复合冲突型的劫持人质案件。

（三）持枪型、持械型、持爆炸装置型、持助燃物型

这是依据犯罪分子所借助的犯罪工具的不同所作的划分。劫持人质的犯罪分子大多持有一定的犯罪工具，犯罪工具五花八门，多种多样。枪、械、爆炸装置和助燃物是劫持人质案件中最常见的犯罪工具。

犯罪分子所持犯罪工具的性能与警察所能够采取的解救措施之间具有一定的对应关系。警察到达现场后，必须尽快弄清犯罪分子所持犯罪工具的种类、性能，其是真是假，其中是否有诈。然后针对犯罪工具的具体情况，确定可以采取的处置措施及其实施条件。

（1）持枪型劫持人质案件。即犯罪分子使用枪支劫持人质的案件。枪支具有杀伤力大、有效杀伤距离远、发射快速的特点。对持枪的犯罪分子，宜力争和平解决；必须武力解决时，要保证做到出其不意，一招制敌，不给犯罪分子留下还击之机，否则就会付出牺牲人质的代价。此外，在面临持枪劫持人质的犯罪分子时，不要忘记判别其枪的真伪。

（2）持械型劫持人质案件。即犯罪分子使用除枪支以外的器具劫持人质的案件。犯罪分子常用的器具有各类刀具、锤、斧，不同质地的棍棒、绳索等。这类犯罪工具的杀伤性能和致伤速度明显低于枪支，并且，只有在其与人的身体相接触的条件下才能发生伤害作用。警察在处置这类案件的过程中，在实施袭击措施之前，首先应测算好袭击行动所需时间，然后再根据特定犯罪工具的性能，测算犯罪分子加害人质所需时间，在有时间差可利用时，方能采取袭击措施。

（3）持爆炸装置型劫持人质案件。即犯罪分子利用各种爆炸装置劫持人质的案件。如果犯罪分子自称持有爆炸装置，应设法探明其虚实。若爆炸装置是真的，接下来应弄明其引爆方式和破坏能量。在处置这类案件时，弄清引爆方式比弄清破坏能量更重要，因为，无论其破坏能量大小，都应确保不使其爆炸。

如果犯罪分子系用导火索引爆，则应注意观察导火索的长度，了解该类导火索的燃速，判明犯罪分子可能采取的点火方式，以确定所能采取的处置措施。

如果犯罪分子所持的是电引爆的爆炸装置，则更应留意其在具体引爆方式上的细微区别。如果引爆系统借助了开关，在没弄清开关的种类前不能轻易采取武力处置措施。如果引爆系统没有借助开关，犯罪分子欲直接用导线连接电路，还应查明电池在电路中的位置——如果电池尚在犯罪分子的手中，其欲在引爆时用电线连接电池的两极，那么，警察可资利用的空当和战机就更多一些。

（4）持助燃物型劫持人质案件。即犯罪分子以引燃特定现场的汽油、煤油、柴油、煤气、液化气、天然气等易燃或助燃物相挟持，而实施的劫持人质的犯罪案件。面临这类案件，警察应对助燃物的性能、数量、犯罪分子能够采取的引火方式及现场物品背景有一个全面的衡量，而后确定可采取的处置措施。

此外，有的犯罪分子可能持有两种以上的犯罪工具，或者虽只持有一种工具，但现场上放有可供随时利用的工具，抑或多个犯罪分子持有多种工具。在这种情况下，警察在采取行动时应将各种犯罪工具的性能都考虑进去。

（四）其他类型

依据其他一些分类标准，还可以将劫持人质案件划分为其他一些类型，比如依据犯罪动机的不同，可将劫持人质案件划分为勒索钱财型劫持人质案件、抗拒抓捕型劫持人质案件、经济纠纷型劫持人质案件（如借以索债）、报复社会型劫持人质案件、逼婚型劫持人质案件等。

依据犯罪分子所劫持的人质与劫持人质犯罪目的之间有无先在联系，可将劫持人质案件划分为特定目标型劫持人质案件和随机目标型劫持人质案件。比如，出于抗拒抓捕动机的劫持人质案件，犯罪分子所劫持的人质多是随机目标；而出于勒索钱财动机的劫持人质案件，犯罪分子往往先物色好勒索的对象，然后选择与勒索对象有特定关系的人员作为人质，这时，劫持人质案件的目标就是特定的。

依据犯罪分子人数及人质人数的不同，可将劫持人质案件划分为一对一型劫持人质案件、一对多型劫持人质案件、多对一型劫持人质案件及多对多型劫持人质案件。

由于上述分类是依据不同的标准进行的，所以，相互之间有一定的交叉，不过，从不同的角度进行划分又是必要的。警察受理劫持人质案件之后，首先要弄清案件的类型，分析特定类型劫持人质案件中犯罪分子的心态，一旦犯罪分子铤而走险所可能引起的犯罪后果，限制处置活动的因素有哪些，可资利用的因素有哪些等，在此基础上因情用谋，因案施策。

（本文原载于《政法学刊》1998 年第 2 期）

论市场经济与改革开放前沿的流窜犯罪

任克勤

依据马克思主义基本原理，犯罪是一种社会历史现象，是社会矛盾的综合反映，同一定历史时期的政治、经济和文化等要素有密切的关系。在经济体制发生变革的时候，犯罪的数量、方式也随之会发生相应的变化。改革开放以来，广东作为综合改革的试验区和前沿阵地，在市场经济发育的进程中发挥着试验、探路、示范的作用，社会经济生活具有一定的超前性。相应地，我省的刑事犯罪也出现了与外省不同的一些特殊性，其中的流窜犯罪活动就表现出了独特的区域性色彩。由于流窜犯罪具有的流动性、纠合性、类型的综合性和主体的复杂性等特点，又同市场经济的基本特征具有很强的对应性，因此，随着市场经济发育进程的加快，某些社会消极因素的增加，我省的流窜犯罪必然会更为突出。本文旨在将流窜犯罪放在市场经济和广东的特定条件下加以考察，就市场经济与广东的流窜犯罪状况作点探讨。

一、市场经济的开放性，形成历史性的人口大流动，使流窜犯罪的数量呈现猛增势头

市场经济是以市场为基本的资源配置协调手段来调节生产、交换、分配和消费的经济体制。其显著特点是各种产品、资金以及劳动力等资源能自由流通、自由配置，这对发展社会生产力、加快经济发展是十分有利的，但同时也给流窜犯罪提供了赖以生存、活动的社会经济条件。首要的问题是人口大流动。从市场经济发育的规律看，人口大流动是市场经济体制建立和发展过程中产生的客观现象，又是一种合理的社会经济进步的标志。纵观世界各国现代化的发展历史，在经济商品化、工业化、城市化进

程中，都同时伴随着人口的大流动。我国现阶段的人口大流动是市场经济作用的必然结果，是社会发展的必然产物。

我省的全面开放和市场经济迅速发展为大量农村劳动力向经济发达地区流动提供了条件。但是人口的流动本身也要受到客观经济规律制约，否则盲流必然给社会带来副作用，影响市场经济的发展。近年来因农村剩余劳动力向沿海开放地区转移而形成的“民工潮”已成为社会的一大问题。它是当前我国社会各有关领域中潜在矛盾的“显像管”，已暴露出业已存在的两大缺陷。一是社会缺乏对剩余劳力合理流动的宏观指导，沿海和内地经济发展存在极大的不平衡，交通运输严重滞后，公安部门对流动人口的管理制度不健全；二是这种盲目流动所形成的“相对过剩劳动大军”，使一部分人处在“停滞过剩人口状态”，给社会治安带来消极因素，从中滋长出大量违法犯罪，成为流窜犯罪的主要来源。14 年来，我省外来流动人口逐年递增，据统计，1979 年全省外来流动人口仅 48 万，1992 年已达 500 多万，增长十几倍。深圳市 1980 年的外来暂住人口仅 3.8 万，1992 年已达 100 多万。外来流动人员中的流窜犯罪也越来越突出，外来流动人口与流窜犯罪成正比。即外来流动人口逐年增多，流窜犯罪也逐年上升。

从 1985 年开始，我省市场经济的取向已经比较明显，外来流动人口及流窜犯罪也日益突出。1985 至 1987 年，全省流窜犯的数量比 80 年代初有较大增加。1988 年，流窜犯的数量剧增，比 1985 年增加了一倍多。1989 年又比 1988 年增长 91.8%。1991 年破获的流窜犯罪案件比 1990 年增加 80.7%，抓获的案犯总数增加 90.1%，尤其是流窜杀人、伤害、抢劫、爆炸、强奸等恶性案件比上年上升 1.6 倍。1992 年，全省破获流窜犯罪案件又比上年增多 12.8%，抓获流窜犯比上年又增加了 28.6%。在这 8 年中我省流窜犯罪的总人数持续猛增，来势凶猛。同时，14 年中，全省流窜犯占全部案犯的比重也是逐年上升，这同数量的增长是基本对应的。1978—1980 年流窜犯占抓获全部案犯的比重（%）为 6.6，1981 年为 7.2，1982 年为 8.7，1983 年为 10.9，1984 年为 14.1，1985 年为 16.5，1986 年为 21.4，1987 年为 24.9，1988 年为 26.4，1989 年为 29.6，1990 年为 30.0，1991 年为 39.9，1992 年为 53.7。从这里可看出，我省流窜犯罪的变化趋势同改革开放的深入、市场经济的向前发展、外来流动人口的增加关系相当密切。1986、1990、1992 年可视为 3 个“临界点”，流窜犯的比重分别突破了20%、30%和50%。在市场经济更为发达的广州、深圳、珠海及其他珠江三角洲地区，流窜犯所占比重更高。如深圳、东莞，1988年流窜犯已占80%，宝安县1990年占93.6%左右。据统计，1993年全国流动民工达5 000万人，我省是外来人口云集的主要省份，预计1993年全省的流窜犯罪也必然会呈上升趋势。另据专家预测，在今后数年内，流动人口每年将递增1 000万人左右。可以预见，我省的流窜犯罪也会出现持续增长的势头。对此，公安机关必须有充分的对策准备。

二、市场经济的竞争机制对流窜犯罪结构产生影响，流窜犯罪团伙大幅度增加

恩格斯指出："竞争不但支配着人类在数量上的增长，而且也在一定时期支配着犯罪的年年增长。"市场经济所固有的竞争机制，使各种社会矛盾增多，引起社会利益格局的重新调整，也使致罪因子增长。无论是社会团体、群体，抑或个体，在市场经济条件下，无一不受到竞争意识的制约，风险观念的影响，物质欲望的诱惑，不同利益的主体都参与竞争。经济的竞争，价值观的冲突，势必难以避免犯罪的发生。广东改革开放过程中强烈的竞争氛围，对流窜犯罪团伙的增长有直接的影响。流窜犯为了在竞争中取胜，单枪匹马往往难以达到目的，聚众结伙，纠合作案，则易于使犯罪得逞，对抗打击。利欲相同的犯罪倾向，利害关系的彼此羁绊，"物以类聚，人以群分"的心理基础，使流窜犯形成各种类型团伙。近年来流窜犯罪团伙逐年增多。据1991年统计，全省共破获3 730个流窜犯罪团伙，查获案犯11 773人，团伙案犯人数占流窜犯总数的31.8%，团伙个数和人数分别都比上年增加78.7%和81.1%，所破获的流窜犯罪团伙案件6 743宗，其中大案3 897宗，今后几年仍会呈上升趋势。

受市场经济的影响，我省流窜犯罪团伙的结构类型有其独特性和新变化。具体类型有：

（1）同籍组合。这是指本省或外省同籍案犯的结合，尤为突出的是外省流窜犯中以同族为纽带的地缘、血缘关系纠合组成的较紧密的"同乡"团伙。据东莞市的抽样调查，1991年外省市同籍纠合而成的流窜犯，占全部流窜案犯人数的66.8%。流窜犯罪的外来性决定了他们对犯罪地域的相

对陌生，对当地风土人情的不熟，且当地犯罪分子势力根深蒂固，他们要同当地犯罪分子参与竞争，市场竞争的“优胜劣汰，物竞天择，适者生存”原则对流窜犯同样起作用，他们以地域相近组成“籍贯帮”型团伙，目的是为了能在谋取非法利益的过程中竞争获利，达到在我省立足、生存的目的。如果说，犯罪分子竞争是为了生存，那么，结伙则是为了更好地在竞争中生存。自1987年以来，我省的流窜犯来自全国30个省市自治区，其中以毗邻、贫穷内陆省份为最多。据1991年全省抓获的流窜犯的统计，各省所占比例为湖南28.3%，广西21.6%，四川18.2%，贵州4.8%，河南3.9%，江西3.9%，湖北2.6%。1992年全省抓获的流窜犯中，上述几省的流窜犯占外省流窜犯总数的83.2%。

（2）综合型组合。这是指跨省、市，跨地、县的“混合式”团伙。这种类型虽然在团伙总数中比例较小，但能量大，危害严重。1989年以来，此类团伙增长迅速。1992年全省查获跨省市纠合团伙的个数和人数分别比1991年增加了3倍和2.8倍，跨地、市纠合团伙的个数和人数也分别比上年增加了2倍和1.3倍。有的重大流窜犯罪团伙竟有13个省的案犯。

综合型的流窜犯罪团伙大体有三种；一是全由外省流窜犯组成的跨省、市团伙，在混合型组合中其人数最多；二是本省内的跨地、市团伙，习惯称之为“小流窜”团伙；三是外省流窜犯同本省案犯纠合的团伙。这类团伙有互相利用、各取所长的特点。犯罪团伙的地方割据性，使外省流窜犯“投靠”、依附于当地的犯罪分子，以求得“地头蛇”的相助，而当地罪犯也利用流窜犯中的“强龙”惯犯，这种省内外具有“互补效应”的流窜犯罪团伙，其主观恶性和社会危害性极大，这是当前流窜犯罪团伙一种新的动向，必须引起密切关注，决不能使之形成气候。

近年来，有的流窜犯罪团伙逐渐向有组织、有帮规帮约、内部纪律严密的黑社会组织发展。流窜犯罪团伙的结构形式是有组织犯罪的雏形。流窜犯罪团伙中的骨干、首犯能把单个的流窜犯罪分子纠合在一起，形成有稳定组织结构的犯罪集团。流窜犯罪分子来源广，数量多，也为形成犯罪组织提供了社会基础。流窜犯的各种窝点也逐步成为犯罪组织的据点。特别是流窜犯骨干通过非法手段暴发后办实业，积蓄经济实力，对企事业单位进行渗透，给社会治安和经济发展造成严重的危害。

（3）跨境型组合。即境内外犯罪分子纠合成的犯罪团伙。跨境犯罪可视为流窜犯罪的特殊形式，是国内流窜犯罪的延伸和发展。我省毗邻港澳，近年来，港澳黑社会组织不断向境内渗透。如香港的“14K”、“福义兴”、“新义安”、“水房”等十几个黑社会组织已经深入深圳、珠海、惠州等地进行犯罪，1988年以来，每年都破获入境犯罪案件100宗左右。受境外黑社会影响，内地也形成一些带黑社会性质的团伙。改革开放前沿的广东，已受到境内外两股流窜犯罪的“南北夹击”，鉴于此，公安部门在对境内流窜团伙加强打击的同时，还要特别重视对跨境流窜犯罪，尤其是对带黑社会性质的犯罪团伙予以严厉打击，决不手软。

三、市场经济的价值规律，同时制约着流窜犯实施侵财型犯罪并逐步形成综合型犯罪

经济学理论认为，经济运转的动力来自社会对物质利益的不断追求。市场经济的价值规律，决定人们的行为讲究效益，这对推动社会生产力发展，增强综合国力有积极作用。但市场经济的价值规律也会带来一些副作用。在市场经济发育的进程中，财物流动速度快，聚集量大，流窜犯罪中的侵财型犯罪也更突出。各种犯罪几乎都离不开贪欲，市场开放后商品的多样化，刺激人们对财富欲望的增强，物欲与个人经济能力形成巨大的“落差”，流窜犯为了非法占有财物，遂偷盗、诈骗、抢劫、谋财害命，铤而走险。在市场经济条件下，现金、物质的交易更自由，流通各环节也必然存在不少漏洞和薄弱环节，也使流窜犯作案的机遇增多，销赃更方便。市场发育中，消极腐朽的“金钱万能”的观念，“有钱能使鬼推磨”的金钱拜物教，也在侵蚀一些人，这些因素都成为市场经济活动过程中侵财型犯罪的一种经济性致罪要因。

犯罪经济学理论表明，经济效益同刑事犯罪密切相关。犯罪经济效益是市场经济在犯罪活动中的特殊反映。人的社会行为都讲究社会经济效益，从犯罪分子流窜作案角度，罪犯也都自觉或不自觉地讲究犯罪的经济效益，衡量侵财的价值程度。在指标评价上，一看犯罪所获取财物数量的多少；二看获取财物的质量优劣；三是比较实施犯罪所承担的风险，构成“侵害目标—行为—效益”的犯罪选择流程。侵财犯罪分子选择的作案方式、地域场所、目标对象，都同获利大小有直接关系。因此，犯罪分子纷

纷流窜到经济发达的广东，尤其是珠江三角洲进行侵财犯罪，成了流窜犯罪的一种“指南现象”。

据资料统计，流窜犯罪以盗窃、抢劫、诈骗等几类为最高。如东莞市，在重大案件中，侵财型的抢劫、盗窃占全部案件总数的89.4%，而属外省市流窜团伙作案的达66.8%。深圳市流窜犯的比例为88.4%左右，绝大部分都是侵财犯罪。珠海市1987—1992年的5年间，流窜犯罪案件也以侵财型为突出，抢劫占82.4%，居首位。1992年几类社会经济犯罪也猛增。如盗窃机动车案件比1991年上升49.2%，其中盗窃汽车增长1.1倍，盗窃摩托车增长45.1%。对人民群众生命财产危害极大的车匪路霸犯罪也很突出，甚至还出现了全由女案犯组成的车匪团伙。1992年全省发生的车匪路霸案件比1991年又增长12.5%。这类侵财犯罪手段恶劣残忍，肆无忌惮，绝大多数为流窜犯所为。

“人为财死、鸟为食亡”这种犯罪思维定势是侵财型流窜犯较稳定的心理特征。流窜犯的侵财犯罪往往同严重暴力性犯罪相交织，图财杀人、抢劫杀人、绑架勒索、持枪抢劫、雇佣他人犯罪、武装走私贩毒等日益突出。在我省，侵财型犯罪同暴力性犯罪并不是绝对分离而是互相交织的。二者在一定时期都持续增长，侵财是目的，暴力为手段。1992年在我省抓获的流窜犯中，以暴力手段侵财的犯罪人数比1991年增加了87.8%。

从发展趋势看，以侵财为主要目的的重大恶性案件将更加突出，将直接影响社会主义市场经济的发育和建立。

市场经济是一个复杂的系统工程，在市场经济条件下，流窜犯罪的数量、结构、种类发生许多变化，而且流窜犯的主体成份、侵害的对象目标也有新的特点，它将涉及社会经济生活的各个领域，在此不赘述。

当然，市场经济本身不是犯罪的根源，不是直接导致流窜犯罪增加的原因，因为在市场经济的进程中出现的各种矛盾、社会消极现象，成为某些致罪因子，同流窜犯罪的发展有一定联系。相反，市场经济的发展，还可以为预防、控制犯罪奠定坚实的物质基础。研究犯罪是为了治理犯罪，对我省流窜犯罪的分析，旨在从宏观上和普遍意义上寻求稳定社会治安、控制流窜犯罪的有效对策。

（本文原载于《政法学刊》1993年第2期）

境外黑社会组织在广东省内渗透活动初探

许细燕　陈先勤

根据初步掌握，境外黑社会组织在广东的渗透活动情况是严重的，如果说八十年代初境外黑社会渗透是“单帮”的话，那么，现在是有计划地进来发展组织、立足生根了。当前，已发现有29个境外黑社会组织进入我省活动，这些组织不仅有港澳台的，还有日本的，他们通过组织渗透、思想渗透等方式，在省内发展组织，不断扩充势力，进行各种违法犯罪活动。香港的“14K”、“和胜和”、“福义兴”、“新义安”、“水房”、“广盛堂”等十多个黑社会组织在我省均设有秘密据点。他们以深圳、珠海为起点，以珠江三角洲腹地为基地，正在向两翼和纵深发展。在境外黑社会犯罪活动的影响下，内地流窜人员中的不法分子也相继仿效境外黑社会组织结成带黑社会性质的犯罪团伙，如深圳已查获这类犯罪团伙多个，涉及人员若干。这些带黑社会性质的团伙从事各种违法犯罪活动，并且呈现出逐渐蔓延和日益严重的趋向。更严重的是境外黑社会组织和境内带黑社会组织性质的团伙犯罪结合在一起进行各种违法犯罪活动，其能量更大。这些，对我省的社会治安已构成较大的威胁。有鉴于此，本文拟就境外黑社会组织在我省内的渗透活动、趋向及对策作些探讨，以求达到抛砖引玉的作用。

境外黑社会组织渗透活动的特点如下：

一、以合法名义入境，借从事商贸、投资活动为掩护，设立据点，发展组织，扩大势力

由于诸多因素的影响，到境内来发展组织已成为境外黑社会组织的迫切需要，而国内的现实状态也为其发展提供了可能。善于投机钻营的境外

黑社会组织纷纷以合法的名义入境，以正当的职业为掩护，并且大都选择人员流动多、鱼龙混杂的地点，加紧进行渗透和各种破坏活动。其渗透方式主要有：一是以投资办企业为名，秘密建立据点，如香港“广盛堂”骨干分子陈某，1986 年潜回原籍宝安县，投资经营一间酒店，并以此为据点，先后在当地发展二十多名无业青少年加入黑社会组织，并自立堂口，号称“飞鹰帮”，活动十分猖狂。二是以入境承包经营酒楼、歌舞厅、卡拉 OK 厅、电子游戏室等为名，设立据点。据深圳市对 52 间境外人员承包的饮食、娱乐场所进行调查，发现有香港黑社会组织渗透的共 32 间，占 62%。三是借回乡探亲、旅游观光之名，入境后在社会青年，尤其是中小学生中施以小恩小惠，拉拢他们加入组织，进行各种违法活动。如澳门黑社会组织“14K”的“红棍”，号称“金牌杀手”的徐志雄，因受澳门警方打击，无法立足澳门，于 1986 年回珠海居住。在 1986 年下半年至 1988 年九月间，徐先后在中学、小学和社会上发展黑社会组织成员 38 名，年龄最大 18 岁，最小 8 岁，其中 5 人被封为“棍职”、“鞋职”、“扇职”等，从中勒索会费 3 000 多元，并引诱青少年进行各种违法犯罪活动。入境的黑社会组织成员原籍多属于我省边境、沿海一带的乡镇、村庄，有一部分还属于具有粤港、粤澳两地双重身份的“两栖人”，因此，其国内社会关系既广且密切，落脚点多，情况熟悉，活动方便。入境的黑社会组织成员，一般成员占多数，但中层骨干有增多的趋势。1990 年以前，抓获犯罪的香港黑社会组织成员，基本上是“四九”仔。近两年抓获的，具有“红棍”、“白纸扇”等中层职位的占一定比例。

二、活动范围不断扩大，活动日趋隐蔽，并逐渐形成相对稳定的势力范围

境外黑社会组织在广东的渗透大体上可分为三个阶段，即 1979 年至 1983 年为潜入阶段，1984 年至 1988 年为发展阶段，1989 年至现在为隐蔽、扩散阶段。1979 年，深圳建市之时，港澳黑社会组织的“黑手”就伸了过来，进行“试探性”活动，其活动的主要对象是深圳市临近港澳地区的边民，活动的内容主要是走私、非法引渡、传播黄色淫秽物品、贩毒等，也有少数暴力犯罪活动，如 1983 年 7 月 10 日，香港“水房”成员殷

清强、江保成，“14K”成员谢仰彬等与境内不法分子勾结（共6人），持刀抢劫深圳市友谊商场。1984年以后，其活动范围扩展到广州、珠海、惠州、东莞、汕头等沿海地区，活动对象转向中小学生及社会青年，向他们灌输封建迷信及帮会思想，从中发展组织成员，活动的内容扩展到流氓斗殴、勒索、抢劫、吸毒、聚赌等。进入九十年代后，在粤西、粤北地区也先后发现香港黑社会组织的渗透破坏活动，如1990年9月，韶关市发生的特大持枪抢劫并拒捕杀害民警何勇的恶性案件，首犯就是香港黑社会组织成员陈顺添。此时，境外黑社会组织和境内带黑团伙越来越有意识地将其活动触角从各个层次伸入日常民事、商务及经济活动领域，其活动出现了多层次的隐蔽、扩散的趋势。在活动内容上，有混杂于日常生活、商务、民事活动中的勒索、诈骗、欺行霸市、聚赌、流氓斗殴、黄色淫乱等；也有抢劫、走私、贩毒乃至绑架勒索、雇佣杀人等严重刑事犯罪。在组织和成员上，既有入境的港、澳、台、日等地区和国家的“正宗”黑社会组织及其成员，也有其发展的外围组织，还有不断出现的本地及外地流窜来广东的不法分子组成的带黑团伙。带黑团伙或直接受境外黑社会组织成员操纵或模仿境外黑社会组织的活动方式，吸毒贩毒、嫖娼赌博、敲诈勒索、白吃强拿、流氓滋事，称霸一方，形成了严重危害社会治安的一股恶势力。随着广东警方打击和取缔黑社会组织工作的不断深入，一些黑社会组织活动日趋狡猾隐蔽。如免去“入伙”的繁杂仪式，租住出租屋或购买商品房建立“秘密据点”，用所谓的“公司”代替帮名，大搞连环发展组织，实行单线联系等，因而，出现了“黑少帮多”的情况。目前，这些黑社会组织经过相互火拼之后，已逐渐形成一方面有相对稳定的活动地域，另一方面，有些地区呈现出多种黑势力互相交融的局面。

三、图财仍是违法犯罪活动的主要目的，但各黑社会组织大量购置枪支弹药，从非武装性质向武装性质发展，严重暴力犯罪日趋突出

近年来，入境的黑社会组织直接从事刑事犯罪活动不断增多。如1992年深圳市公安机关共查获入境从事刑事犯罪的人员103名，其中香港人88名，占查获入境犯罪人员的85.4%，这些人中有相当部分是香港黑社会分

子，他们进行盗窃、抢劫、伤害、绑架、勒索、诈骗、走私、贩卖枪支弹药、杀人等犯罪活动，从中谋取不法财物。目前值得严加注意的是，各黑社会组织正利用非法所得大量购置枪支弹药，称霸一方，进行强行看场、追债、收保护费、绑架勒索、开片斗殴、暗杀、持枪犯罪、爆炸破坏等违法犯罪活动，武力干预征地、交通、房产、水利纠纷，甚至枪杀执法人员、杀害基层干部等，呈现出由非武装性质向武装性质发展，一般刑事犯罪向严重暴力犯罪发展的趋势。如香港“新义安”分子陈秋基等人在沙井松岗一带持枪杀人案件；香港“和胜和”成员何苏娣等人在深圳市文锦渡一带盗窃汽车案件；1993 年初惠阳县发生的枪杀执勤民警彭宝林案件，首犯廖煌玉是香港“和胜和”成员，廖犯于 1992 年底入境，在深圳龙华镇承包酒楼作为据点，然后拉拢一帮社会上的无业游民，购买枪支，自制炸药，连续在深圳市龙华、布吉两镇及惠阳县淡水一带进行抢劫勒索、爆炸破坏等活动。

四、逐渐将其在境外的犯罪方式搬进来，对省内社会治安的威胁日益加大

境外黑社会组织所擅长的犯罪方式，在省内已陆续出现。如利用其盘踞的娱乐场所，逼良为娼，控制妇女卖淫，将娱乐场所变为色情场所；占据地盘独霸一方，收取“保护费”；开设赌场和充当“大耳窿”（放高利贷），引诱和强迫他人参赌；对欠赌债无法偿还的进行绑架；充当雇佣打手和受人雇佣采用暴力手段追债；强贩毒品，搞国际贩毒，在内地推销毒品，开辟毒品市场；争夺势力范围，进行“开片”，互相火拼。他们通过办企业不断增强实力，而且凭借这些场所和经济实力，竭力拉拢腐蚀党政干部，特别是公安行政干部，寻求保护。此外，还挑拨并直接参与群众纠纷和群众性闹事，为反动势力所利用。

境外黑社会组织的渗透和犯罪活动早已引起我省警方的高度重视，并且把它作为维护社会安全的一项重要内容摆上议事日程，采取了许多有力措施，持续不断地进行打击和取缔，并取得了一定成绩。仅据广州、深圳、珠海、惠州市统计，十年来共打掉黑社会组织 50 多个，抓获成员 580 多名；取缔带黑团伙 300 多个，成员 1 500 多名。可是从目前情况看，黑社会组织渗透犯罪活动尚未得到控制，有些地区还在发展和蔓延。为什么

呢？究其原因，笔者认为可从客观和主观两方面去分析这个问题：

（1）客观方面。一是黑社会犯罪是四大国际犯罪之一，黑社会的问题是国际性的问题。境外的黑社会组织多、历史长，拥有一定的经济和社会势力。他们在当地的势力范围已经瓜分完毕，各个堂口的势力范围已经定型，如果想别树一帜，另辟堂口，空白的境内则是理想之地，因此，他们势必要进入内地来发展。二是近年来，香港警方开展打黑行动，给香港黑社会组织很大的压力，他们中的一些人就回内地"避风"，发展新的"堂口"立足。近年来，我省抓获的交给港方的香港通缉犯中不少是有黑社会背景的。1992 年深圳市公安局协助香港抓获的通缉犯中，有五名已确认为黑社会组织成员。三是我省毗邻港澳台，目前省内正处于经济发展高速期，经贸活动频繁，进出境人员急剧增多，各种娱乐场所相继出现；为了发展经济，多次进行改革，简化入境手续，来往十分便利，因此在我省内，可活动的空间很大。四是粤与港澳台的社会制度不同，在客观上就有可能被黑社会组织钻空子，在多方面联合进行打击和取缔工作上存在重重困难，这些都是境外黑社会组织渗透滋生必备的条件。因此，境外黑社会组织向内地渗透，是不以我们的意志为转移的。

（2）主观方面。一是内地的社会治安出现了复杂的情况。如果内地社会治安情况比较好，那么，黑社会组织进来了也不容易活动，如在改革开放前和初期，境外黑社会也曾极力进行渗透，却难于立足。现在，我们面临严峻的治安形势，境外的黑社会瞅准了这个机会。二是我们一些地方公安机关的领导对境外黑社会组织渗透活动的严重性和危害性仍认识不足，特别是境外黑社会组织渗透突出的地方，同时也是刑事犯罪案件的高发区，在警力严重不足的情况下，没有把反黑斗争摆到应有的位置上，专业力量不足，专案侦查不够深入细致，档案建立不全，打击不够有力，宣传教育、管理防范工作跟不上，这也给予境外黑社会组织的渗透有了可乘之机。综上所述，境外黑社会组织的渗透活动将明显加剧，斗争会更加隐蔽复杂，任务更艰巨，矛盾更尖锐，而且将长期存在。

总结十余年来反黑斗争经验，针对当前我省存在的问题以及薄弱环节，笔者认为要达到不允许黑社会组织在省内立足生根的目的，必须切实做好下列工作。

（1）提高认识，领导重视。境外黑社会组织是庞大的组织，其组织性最强，手段最凶残，能量最大，这是内地一般刑事犯罪团伙所不能比拟的。他们进来发展组织，就形成一股内外勾结的恶势力，这不仅仅导致社会治安恶化，诱使内地团伙犯罪向黑社会性质转化，而且毒化社会风气。一些黑社会组织在政治上也是没落反动的，一旦国内有风吹草动，他们就会与国内外敌对势力相勾结，成为反革命的一股力量。黑社会组织又惯于拉拢腐蚀公职人员，向政府部门渗透，寻求内应和保护伞，以增强与公安机关对抗的能力，逃避法律的惩罚。所以，在内地土生土长的带黑团伙和黑社会组织还有可能一锅端，而从境外进来的黑社会组织，一旦立了足，就不容易根除，时间一长，就更难，后患无穷。为此，应充分认识反黑斗争的重要性和紧迫性，要树立长期斗争的思想，建立健全反黑专门机构、专业队伍和情报信息系统，狠狠打击。

（2）深入系统地开展调查研究，积极开展专案侦查。这是加强反黑斗争的重要措施。与黑社会组织作斗争，在策略上，必须主动出击，只有如此，才能掌握斗争主动权，有效地控制局面，所以，应切实做好下列几项工作：一是围绕着境外人员来境内开办娱乐场所、酒店及有嫌疑的三资企业深入细致地开展调查研究，把涉嫌有黑社会背景的，认真加以掌握，并逐步登记造册，纳入侦查视线；二是注意对一些有可能是境外黑社会势力渗透的可疑事件开展调查，发现线索；三是对历年来公安机关掌握的境外黑社会组织人员活动情况和入境犯罪人员资料进行整理，对以上所获得材料，首先必须集中起来研究，进行分类排队，建档立卡，理出脉络，从中突出重点，形成一批专案，长期经营。是组织有活动的，就对此组织立案侦查；是个人活动突出的，就对个人立案侦查，只有形成专案后，侦查目标才会集中，重点才突出，工作才能够深入。其次，采取计算机管理，方便利用。此外，对黑社会组织在境外的活动情况、特点的研究也不能忽视，研究的内容应包括四个方面，即黑社会组织的恐怖性、攻击性、关系网和脆弱性。

（3）开展专项斗争，对“两黑”进行全面清查、打击和取缔。这是进行反黑斗争必不可少的手段，要通过专项斗争，造声势，也可震慑境内外的黑社会组织，表明我们的坚决态度。在这一方面，我省已取得一定的成绩，具有一定经验和教训。自 1983 年开始“严打”斗争，我省就把从事犯罪活动的黑社会组织成员作为打击的重点对象，省内各地根据其违法犯罪情况有针对性地开展专项打击和专项治理，有些地方，不止一次地开展此项斗争，如深圳市，自 1983 年以来，就先后开展五次全市性的反黑斗争，集中时间，集中力量，对黑社会组织和带黑社会性质的犯罪团伙进行打击和取缔。在斗争中，对于不同对象、不同情况，我省采取不同的方法方式加以处理，凡是参加黑社会组织的人员一律要登记，具结悔过，争取从宽处理；已掌握其犯罪证据的，坚决打掉；有黑社会背景，但确实是来办企业的境外人员，通过适当方式打招呼，告诫其不得进行非法活动；对于情况不明的，继续掌握控制。

（4）大力加强特情情报工作和协同作战，大力加强特情情报工作是对付有组织犯罪的重要手段。与黑社会组织作斗争，没有一支分布合理而有重点的强大秘密力量，是无法及时掌握情报信息，了解犯罪集团内幕，获取证据，做到“耳聪目明”，掌握反黑斗争主动权的。特情的建立不能局限于境内，必须伸出境外，不仅有面上的，还应有深入其内部的，不论他是“双面”的，还是“反水”的人员，只要愿意为我工作，我又能掌握得住他的，都可建立。黑社会犯罪是国际性犯罪，与其作斗争非加强协同作战不可。协同作战应包括两方面的内容：一是技侦、内保、治安、预审多种侦查力量的分工与配合，要形成一个有机的整体；二是与境外有关警方，特别是港澳警方和国际刑警组织合作，要经常交换情报资料，共同侦破互涉性犯罪案件，保证打击的力度。

（本文原载于《政法学刊》1995 年第 1 期）

我国绑架犯罪的现状、特点、类型及发展趋势

邓国良　王　洁

绑架犯罪是世界各国公认的最严重的刑事犯罪之一，绑架犯罪因其对社会政治、经济造成巨大的危害性和整体冲击性，对国家的安全与稳定构成严重的威胁。绑架犯罪通常是以讹诈为目的绑架人质的行为，不仅危及人质的生命安全，造成公私财产损失及恶劣的政治影响，同时在社会中制造难以消除的恐怖气氛，它利用了受害人亲属对受害人的担忧心理，通过恐吓、威逼的方式，勒索巨额赎金，不达目的则残忍地杀害或伤害人质，是对受害人和受害人亲属最惨无人道的精神和心理折磨。绑架犯罪的目的既有政治型、索财型，又有复仇型和拒捕与流窜型，绑架犯罪总是与黑社会组织犯罪、恐怖主义犯罪交织在一起，给社会造成严重的危害。如何健全和完善立法与司法并加强国际间的合作，从理论上探讨对绑架犯罪的惩治与预防措施，限制或削弱绑架犯罪的能量，遏制绑架犯罪发展蔓延的趋势，已成为各国政府所面临的共同课题。

一、研究绑架犯罪的理论价值及实践意义

任何一种犯罪总是植根于一定的社会形态中，并与一定社会的结构缺陷、制度的不完善、社会失范、价值观念的错位、犯罪控制的弱化等现象有着内在的联系。绑架犯罪是由来已久的传统犯罪，这类犯罪之所以在新的历史条件下得以生存与发展、蔓延，则是社会因素和个体因素的综合反映。我们之所以选择“绑架犯罪”这一课题进行理论研究，主要出于以下几个方面的考虑：

一是绑架犯罪是世界性犯罪现象。绑架犯罪作为一种严重的暴力犯罪，它不仅是国内法规制的犯罪，也是国际法规制的犯罪，是世界各国所

面临的共同犯罪现象。在绑架犯罪中，既有以政治为目的的绑架犯罪，如恐怖主义犯罪组织通过绑架国家总统、总理、外交官、外国记者或富商等，以达到自己的政治目的；也有以勒索钱财为目的的绑架犯罪，通过绑架本国富商及其子女、外国商人、驻外人员等勒索巨额赎金，敛财聚富，以达到迅速致富脱贫之目的。同时，绑架犯罪在某个特定时期或特定国家急剧上升，形成了犯罪潮流，不仅危害国家的安定，侵害公民的人身自由和财产安全，而且损害了国家的形象，致使有的国家不惜动用武装力量军队进行围剿，如被称为“绑架之国”的哥伦比亚、“绑架之都”的菲律宾等。从绑架范围和形式来看，由本国绑架到跨国绑架；由绑架对象的特定性即“厚利少绑”到绑架对象的随机性、不确定，甚至不论贫富的“薄利多绑”；由“常规性绑架”（如先绑架人质，并将人质监禁在一处，然后打电话或上门索要赎金）到“快速绑架”（即绑架者将人质绑架后当场索要赎金，不论数额多少，只要钱财到手，即时释放人质），降低了监禁人质的时间成本和经济成本，绑架犯罪出现了“短平快”的形式。面对绑架犯罪的肆虐及其危害，如何从理论与实践的结合上分析和探讨绑架犯罪的成因、类型、特点及其发展趋势，并有针对性地提出相应的防治对策，无疑具有重要的现实意义。

二是对绑架犯罪这一现象缺乏系统的理论研究。在理论层面，从社会学角度看，绑架犯罪只要没有超出特定社会类型所规定的界限，它就属于正常现象或规则现象。这是从犯罪是一种社会现象的角度来认识的。只要这种现象尚未危及大局，处于可以容忍的范围内，还没有达到失控的状态，则可以通过社会控制的措施或手段来加以防范。从犯罪学角度看，任何犯罪都是一种非理性的行为，是最显而易见的病理性事实。犯罪既是对现存统治秩序的蔑视，也是对社会生存状态的侵害。同时，犯罪又是与整个社会生活基本条件有内在的联系，是社会失范的必然反映。犯罪学家所关注的是犯罪现象产生的原因、特点、条件以及如何加以控制。从刑法学角度看，人们所关注的是对某一类犯罪如绑架犯罪是否由刑法规制，定罪处刑是否公正、适当。在现实中，人们对绑架犯罪这一现象的研究往往是从某一个侧面对其研究，如犯罪学多关注宏观的犯罪问题，这样，绑架犯罪被纳入侵财型暴力犯罪中的一种，难以具体、深入地研究；刑法学只是注重对绑架犯罪的定罪处刑，更多的是局限于研究绑架罪的罪与非罪、此罪与彼罪的界限和区别，使绑架犯罪的研究处于狭小的范围。社会学则注重运用社会失范或越轨理论从宏观上分析犯罪现象，难以揭示绑架犯罪的质与量。不论是从理论层面还是现实当中，人们都是从某一个角度，某一个侧面去研究犯罪现象，有的是从宏观上研究，有的则是从微观上研究，这就不可避免地具有理论研究的局限性。对绑架犯罪这一现象的研究，应从理论与实践的结合上，整合社会学、犯罪学、刑法学等多学科理论资源，从不同角度、不同侧面全面、系统地研究绑架犯罪，从而揭示绑架犯罪的质与量。

三是完善刑事立法，指导司法实践。在当今社会，绑架犯罪日趋严重，犯罪数量不断攀升，犯罪形式多样化。既有持枪、持刀实施绑架犯罪，又有持爆炸物品、剧毒物品实施绑架犯罪；既有国内的绑架犯罪，又有国际绑架犯罪；既有个体实施的绑架犯罪，又有恐怖组织、黑社会组织实施的绑架犯罪；既有传统形态的绑架犯罪，又有智能型绑架犯罪；既有以政治、报复、拒捕与逃窜为目的的绑架犯罪，又有以勒索钱财为目的的绑架犯罪等等。面对绑架犯罪类型、形式的多样性与复杂性，如何从刑法中加以规制是当前我国司法实践急待认识和解决的问题。我国现行刑法对绑架犯罪只设置了一个条文，罪状描述狭窄，只限于以勒索财物为目的的绑架犯罪，且刑罚苛严，没有体现区别对待，对以政治、报复、拒捕与逃窜等为目的的绑架人质犯罪却没有规制，不利于司法实践中对绑架犯罪的惩治，这有待于在今后的刑事立法中加以完善。加强对绑架犯罪的研究，充分认识绑架犯罪的危险性和强化对其控制的迫切性，探求绑架犯罪产生与发展的一般规律，从而为我们构建控制绑架犯罪的防治机制，健全和完善刑事立法，严密惩治绑架犯罪的法网，避免或减少绑架犯罪的发生，维护国家安全与稳定具有积极的现实意义。同时，对于丰富、完善和促进刑法学、犯罪学等学科研究领域的拓展与深化亦有重要的作用。

二、我国绑架犯罪的现状与特点

绑架犯罪不仅侵犯公民的人身权、财产权，而且严重危害社会的稳定，是一种严重的暴力犯罪。从公安机关查处的绑架犯罪案件来看：

一是绑架对象范围的不特定性。传统的绑架犯罪侵害的对象范围主要集中在大款富商及其子女，对象具有特定性；现代绑架犯罪侵害的对象范围不限于富商大贾（包括私营企业者、个体户老板、外地客商、个体医生等）及其配偶、子女，已经出现了绑架党政干部和政法干警（包括法官、检察官、警察等）、人大代表、国有企业董事长、大中专学生以及亲属等，绑架对象的范围不断扩展，具有不特定性，打破了原有的格局。

二是绑架的动机和目的多种多样。在当前绑架犯罪中，犯罪行为人实施绑架的动机和目的主要是勒索钱财，但也有出于报复、获取贷款、索要青春费、索要枪弹、反腐以及无钱结婚、干涉婚姻自由等动机和目的。

三是绑架的行为手段常见的有暴力、胁迫、麻醉和诱骗等。包括趁被害人处于昏睡、醉酒，患病、自我麻醉等不知、不能抗拒状态时将其带走；或以合伙做生意、帮助找工作、帮助上学、结伴旅游、介绍对象等手段诱骗被害人；或者冒充亲友认领及采取请吃喝、外出玩耍、谎称父母生病住院、出车祸等手段诱骗少年儿童离开家庭或监护人；或者以色相勾引他人，骗至家中实施绑架，将被害人置于行为人的实力控制之下，进而向其亲属及朋友等勒索财物。

四是绑架犯罪所使用的工具常见的有枪、刀、手榴弹、雷管、炸药、安眠药、迷药、胶带、头套、铁链、绳索、车辆等。由于绑架犯罪人采取暴力、胁迫的手段，在实施绑架人质的过程中，被绑架者面对突如其来的刀、枪、爆炸物品的威胁，没有心理准备而产生恐怖或者处于无援的境地，往往不敢反抗、不能反抗，或者顾及因自身反抗伤及他人而屈服。在绑架犯罪中，绑匪在将人掳走，控制其人身自由后，往往是通过电话、书信或第三者转达勒索钱财的要求，被勒令交付财产者不是被绑架者，而是他的亲友或者其他人，绑匪在勒索财产时，以杀害、伤害被绑架者或者撕票等相威胁，迫使被绑架者的家属、亲友交出赎金。这也是绑架犯罪之所以易于得逞的重要原因。

五是从绑架犯罪的现状分析，犯罪嫌疑人的职业身份极为复杂。包括个体户老板、商人、教师、大学生、中学生、农民、无业人员、公司职员、党政干部、警察、纪检组长、镇长、治保主任等。他们实施绑架犯罪的动机和目的是多种多样的，有的是因经济利益的纠葛；有的是为了寻求快捷的生财之路；有的是为玩女人而争风吃醋；有的是为赌博欠债还债；有的是为逃脱警方的追捕等实施绑架犯罪。

六是绑架犯罪人采取残忍的手段折磨人质。包括使用胶带、细麻绳、铁链捆绑人质，对人质拳打脚踢，采用打火机烧其眼睑、双乳、下身、屁股、腋毛，用烟头烫其手掌、鼻孔，对被绑架的女性强迫其脱光衣服，并拍摄裸照，甚至残忍地将人质的手指掰断或者切下人质的手指、耳朵，常以折磨、虐待人质为乐趣。这些充分说明了绑匪的凶残性和恐怖性。

七是在绑架犯罪中，往往引发其他的犯罪。绑匪绑架人质主要是勒索赎金，一旦未达到目的，就可能撕票或者对人质实施人身伤害。绑架犯罪引发的其他犯罪主要有故意杀人、故意伤害、抢劫、强奸、爆炸、放火、投毒等。这些表明了绑架犯罪具有严重的危害性，是司法机关严厉打击的一类犯罪。

从我国当前绑架犯罪的现状分析，绑架犯罪呈现以下几个特点：

(1) 绑架犯罪中武装对抗加剧，持枪、持爆炸物品绑架人质的案件呈增长的态势。绑架犯罪作为一种严重的暴力犯罪，它是行为人为了达到某种目的而采取强制的手段和非法的方式劫持人质并予以扣留的行为。行为人为了追求和实现自己预定的目的，对人质实施控制，就必须凭借暴力的手段包括持枪、持爆炸物品对被绑架者构成威胁，使被绑架者感到生命受到威胁而极度害怕和恐惧，由于处于无援无助的境地而不敢反抗，听任绑架者的安排，屈从绑架者的意志。暴力性程度越高，对人质的威胁也就越大，这也是绑架犯罪屡屡得逞的原因所在。在当前绑架案件中，行为人持枪、持爆炸物品实施绑架人质的案件日益增多，遇有警察围捕，则公然武装对抗。

行为人凭借枪支、爆炸物品实施犯罪，作案时有恃无恐，胆大妄为，它对人质的生命安全是一个严重的威胁，也会影响社会的安全感，同时增强了公安机关拘捕侦破的难度，如果处置不当，同样会增加警察的人身伤亡。

行为人持枪、持爆炸物品绑架人质，这不仅反映出绑架犯罪产生的严重危害与后果，而且也预示着绑架犯罪的暴力性程度的发展与升级。对这类犯罪我们必须引起足够的警觉与重视，认真研究绑架犯罪的新特点、新变化、新趋势并制定新对策、新措施加以控制与预防。

(2) 绑架犯罪中撕票案件日益增多。近几年来，在绑架犯罪中，行为人劫持人质后不遵守“游戏规则”，不管是否勒索到钱财，动不动就伤害人质，甚至杀害人质。此类案件日益增多。在司法实践中，一是行为人劫持人质后，先撕票后索财；二是行为人劫持人质后，先索财，财未到手就撕票；三是行为人劫持人质后，先索财，财到手后而撕票。

（3）职业绑架犯罪集团的出现，表明绑架犯罪的组织化程度更加严密。当前在我国绑架犯罪中，一个十分引人注目的现象是出现了专门从事职业性绑架犯罪活动的绑架公司和黑社会性质绑架犯罪集团，甚至出现了绑架勒索专业村。职业性绑架犯罪集团的出现，标志着该犯罪集团围绕共同的犯罪目的，大肆进行绑架勒索犯罪活动，侵害社会程度加剧，危害社会后果严重，组织化程度更加严密。

从单个的绑架犯罪到松散的犯罪团伙的绑架犯罪以至出现职业绑架犯罪集团表明了绑架犯罪演进、发展的历史轨迹，标志着绑架犯罪在新的历史条件下日趋成熟，社会危害性加剧。对职业绑架犯罪集团，我们务必保持清醒的认识，探索其犯罪的规律和特点，加大惩治的力度，切实采取有力措施予以控制与防范，遏制职业绑架犯罪集团的形成与发展。

（4）绑架勒索是黑社会性质犯罪组织聚敛财富的重要途径。黑社会性质犯罪组织发展、演进的轨迹表明：黑社会性质犯罪组织在初始阶段，为了称霸一方，做大做强，总是要采取各种非法手段积敛钱财，如收取保护费、敲诈勒索等，而绑架勒索则是黑社会性质犯罪组织最凶狠残暴的手段，也是黑社会性质犯罪组织最不得人心的卑劣行径，从而暴露了黑社会性质犯罪组织的贪婪本性。如震惊东北大地的长春市以梁旭东为首的黑社会性质犯罪组织通过绑架、敲诈等犯罪活动，勒索钱财价值近千万元。福州市查获的以王峰为首的黑恶势力于2000年7月17日窜入位于福州市中心的山水大酒店，绑架港商郑某，勒索赎金港币100万元，后通过地下钱庄实得港币300万元。黑社会性质犯罪组织在发展过程中，总是不择手段暴敛财物，疯狂攫取经济利益，它们以外商、侨属、企业家、个体户、私营企业主等为作案目标，以绑架、敲诈勒索等形式，聚敛钱财，涉案金额很大，影响十分恶劣，一旦完成原始积累，具备一定的经济实力后，就以开办企业、公司为掩护，以黑护商，以商养黑。

（5）绑架犯罪手段的智能化日趋显现。传统的绑架犯罪，由于受科技水平的限制，其智能化程度比较低。尽管行为人在实施绑架人质的犯罪活动中，精心策划，选择最佳的路线或行为方式，有预谋、有目的地进行，但主要是采取公开的暴力或者欺骗的方式实施绑架犯罪，一旦绑架成功，往往采用书信传递、电话恫吓等索要赎金。随着现代科技的发展，作为与社会抗衡的绑架犯罪必然利用高科技手段来武装自己，发展自己。它们利用现代交通工具、通信工具、计算机网络技术实施绑架犯罪，其犯罪活动方式也不断更新。从江西省侦破的首起运用遥控炸药进行绑架的高科技智能犯罪案件便可窥见一斑。

犯罪的智能化必将带来高质量的犯罪形态，同时，犯罪的智能化也会助长犯罪人的犯罪心理，从而肆无忌惮地实施犯罪，其犯罪目的易以得逞。对绑架犯罪智能化的变化，应当引起我们的高度警惕。

(6) 绑架犯罪的凶残性与恐怖性。绑架犯罪是犯罪人以暴力、胁迫、麻醉或其他方法劫持人质，以达到其非法目的的行为。这类犯罪案件行为人的犯罪手段是残忍的。行为人一旦绑架人质后，为了达到犯罪目的，往往采取捆绑、吊打、挨饿、恐吓等方法折磨和虐待人质，甚至以杀害相威胁。实施绑架犯罪的行为人心狠手辣，未达到犯罪目的，往往残忍地杀害人质，即使达到犯罪目的，由于害怕暴露，出于自身安全，仍然杀害人质，中国的绑匪往往不遵守“人质交易”游戏规则，言而无信，足见其反社会性以及危害后果的严重性。绑架犯罪的恐怖性是指由于发生绑架犯罪案件对周围地区所造成的极度恐怖的气氛，使之谈之色变，竞相谣传。《现代汉语词典》对“恐怖”一词的解释是：“由于生命受到威胁而引起的恐惧。”换言之，恐怖是指使人感到极度害怕的行为或者使人感到生命受到威胁的行为。绑架犯罪不仅使人质心理上、精神上经受极度恐惧和残酷折磨，而且给社会造成了极大的危害，给无辜的人造成精神上的恐惧，对绑架犯罪严刑重罚符合罪刑相适应的原则。

(7) 绑架犯罪的诡秘性与公开性。在绑架人质案件中，行为人实施绑架犯罪往往要经过一定时间的预谋与策划，如选择与确定绑架对象和绑架的时间、地点，了解绑架对象的体貌特征、生活规律、工作环境、兴趣爱好、经济状况等情况，逃跑的去向，藏匿人质的地点，与人质家属联络的方式等都要进行周密的计划与安排，尽可能做到行踪诡秘，逃避侦查，具有隐蔽性的特点。同时，由于行为人绑架人质的目的是勒索钱财或其他目的，这就必然要主动与人质的亲属或其他有关方面进行联系，谈判条件。如确定赎金的数额，交付赎金的时间、地点以及人质的交换等。同时，威胁人质亲属不能报警，否则立即撕票。由于行为人要通过电话或信件等方式或者与人质亲属正面接触，这就不可避免地要留下痕迹物证，其行为具有公开性的特点，这就为公安机关发现、侦查、揭露和证实犯罪提供了线索，为警方及时侦破此类案件提供了有利条件。

（8）跨国、跨地区绑架案件时有发生。在当前绑架人质案件中，行为人实施绑架犯罪的活动范围已不限于某一特定区域，而是跨国、跨地区等多个活动区域，其犯罪的能量和影响涉及面较广。犯罪区域不断拓展，表明了绑架犯罪的危害性、严重性正在升级。

跨国绑架犯罪现象的出现，表明了绑架犯罪不仅仅限于本国区域，而是努力开拓全球化的犯罪空间，国内的绑架犯罪组织与境外的犯罪组织相互交融，建立联系，实行分工合作，犯罪空间愈来愈广泛。对于跨越国界的绑架犯罪，不仅增加了打击的难度，而且危害性加剧，应当引起我们的高度关注与重视，并采取相应的防范措施加以控制。

三、我国绑架犯罪的发展趋势

任何一个社会的犯罪形态总是建立在一定的社会结构基础上的，犯罪现象作为一种极为复杂的社会变态现象，既有其自身发展变化的规律，又是受一定社会的经济发展、政治制度、文化价值观念等诸因素的影响。正如龙勃罗梭在《犯罪的原因及犯罪的消灭》一书中指出：“犯罪不只是由于犯罪人的体质而发生，气候的影响，文化、人口的增殖、宗教、教育、遗传、经济状况等都是可以成为发生犯罪的原因和诱因。”绑架犯罪也不例外。对我国当前绑架犯罪的发展趋势进行预测分析，目的是探求未来一定时期内绑架犯罪率的增减及发展态势与走向，从而为有关部门提出建设性意见。有效的犯罪预防是以科学的犯罪趋势预测为基础的，分析绑架犯罪的发展趋势，取决于我们对绑架犯罪现状的正确把握及其发展变化规律的科学认识。我国绑架犯罪今后的走向呈现以下几个趋势：

趋势之一：绑架犯罪居高不下，仍呈持续发展趋势。在新的历史条件下，尽管绑架犯罪呈现出一些新的发展变化，但作为最具传染性的传统犯罪，其发案率居高不下，在今后一个比较长的时期内，仍将持续发展。绑架犯罪存在与发展的原因在于随着社会主义市场经济的深化与发展，我国的政治体制、管理体制和社会控制一直未能相应配套而行，区域之间、行业之间经济发展不平衡，下岗失业人数持续上升，利益群体的多元化及其相互之间的矛盾冲突，新旧道德价值观念的冲突等。摩莱里在《自然法典》一书中指出："我在世界上认识到的唯一罪过是贪婪；其他的一切罪过，不管叫什么名字，都无非是这种罪过的不同方式、不同程度的表现。"那么，对于以贪婪为目的以及对金钱有极强欲望的犯罪人，期盼快捷致富，绑架犯罪是其主要选择的犯罪形式。

鉴于上述情况，作为传统犯罪的绑架犯罪虽经严打整治，在短时期内会有所遏制，但趋势仍呈发展的态势，并在今后的一个较长的时期内存在。同绑架犯罪的斗争将是一项长期、复杂的工作任务，切不可掉以轻心。

趋势之二：绑架犯罪中暴力对抗进一步加剧。在当前查处的绑架案件中，犯罪人在实施绑架人质的过程中，持有刀具、枪支弹药、爆炸物的现象已十分普遍。一方面犯罪人持有刀具、枪支弹药、爆炸物绑架人质，使被害人处于恐惧之中，不敢反抗，被迫屈从，其犯罪行为易予得逞；另一方面，犯罪人持有刀具、枪支弹药、爆炸物绑架人质，遭到警方围捕时，以人质的生命为要挟，公然拒捕、对抗，与警方形成公开的近距离的对峙状态。警方在处置绑架人质的案件中，摆在第一位的是确保人质的生命安全，要采取各种措施不使人质受到伤害。在犯罪人与警方对峙的过程中，如果警方处置不当，有可能伤及人质的生命或者警方出于保证人质生命安全的考虑，对犯罪人的要求作一些让步，使犯罪人暂时逃脱警方的控制。同时，在公然的暴力对抗中，警察的生命安全同样受到威胁，甚至伤及在场的无辜群众。因此，绑架犯罪中的公然暴力对抗是其他犯罪无法比拟的。在今后的一个较长的时期内，绑架犯罪中暴力对抗仍将进一步加剧，我们对此应该有一个清醒的认识。

趋势之三：绑架犯罪中图财害命的案件不断攀升。在绑架人质的案件中，犯罪人实施绑架的目的是多种多样的，有的是勒索钱财，有的是出于报复，有的可能是出于政治或其他目的。但勒索钱财仍是犯罪人的主要目的，在绑架案件中，所占比例最高。在以勒索钱财为目的的绑架犯罪中，图财害命的案件日益增多。其原因就在于：一是犯罪人绑架人质后，以人质的生命为要挟，向人质的亲属索要赎金越来越高，不达目的，誓不罢休；二是犯罪人在与人质的亲属或利害关系人索要赎金的过程中，双方往往讨价还价，有时人质的亲属一时难以筹措到高额赎金，达不到犯罪人所期盼的目的，犯罪人一怒之下，杀害人质；三是犯罪人在与人质的亲属索要赎金的过程中，其绑架人质的犯罪行为已经暴露，害怕人质的亲属或利害关系人报警，因顾及自身的安全，而杀害人质；四是犯罪人劫持人质后，在拘禁人质的过程中，与人质面对面地接触与交流，犯罪人的身份已经暴露，深知事后难以逃脱法律的制裁，即使勒索到钱财，仍然会杀害人质，不留后患，使被害人及其亲属人财两空。因此，在处理绑架人质的案件中，作为公安机关来说，如何快侦快破，及时查获犯罪嫌疑人，采取切实有效的措施解救人质，保证人质的安全，避免或减少图财害命案件的发生是值得我们认真加以思考的。

趋势之四：绑架犯罪的智能化日益突出。随着现代科学技术的发展，现代交通工具、通信工具、计算机网络等高新技术被广泛运用于犯罪活动中，伴随而来的是犯罪手段的智能化，犯罪手段的科技含量愈来愈高，犯罪分子反侦查能力不断提高。在绑架案件中，犯罪人已经将现代交通工具、通信工具、计算机网络等高新技术运用于劫持人质的犯罪活动中。如运用交通工具劫持人质，甲地绑架，乙地拘禁；运用通信工具与人质的亲属及利害关系人联系索要赎金；运用计算机网络设下圈套，将被害人骗至指定的地点后扣留人质等。绑架犯罪的手段已呈现智能性、技术性特征。由于犯罪手段的智能性，犯罪行为的隐蔽性和欺骗性，为警方侦查破案增加了难度，案件不能及时侦破，犯罪分子就得不到及时有力的打击，进而强化其犯罪心理，疯狂地实施犯罪。绑架犯罪智能化的特征将为公安机关今后如何控制与预防这类犯罪提出了新的课题，应当认真加以研究，寻求有针对性的防控对策。

趋势之五：绑架犯罪更趋向组织化、国际化。21世纪，绑架犯罪的现状及其特点决定了单个犯罪的难度将越来越大，致使绑架犯罪主要是共同犯罪，一般都是两人以上结伙作案，分工合作，相互配合。由于绑架案件具有预谋性，实施犯罪前要进行相应的策划和安排。一方面劫持人质后，要隐匿人质，看管人质；另一方面还必须与人质的亲属及利害关系人进行对话联系，勒索赎金，收取赎金，这一系列的犯罪行为是单个人无法完成的。如司法实践中，已经查获的专门从事绑架犯罪的“绑架公司”、黑社会性质犯罪组织实施绑架犯罪，都表明了绑架犯罪更趋向组织化。组织化程度越高，犯罪的能量越大。同时，随着我国加入 WTO，国际间的交往日趋密切，国际交通、通信工具的便捷，为跨国绑架犯罪和形成国际绑架犯罪集团提供了便利条件。在以往查处的绑架犯罪案件中，已出现犯罪人在英国或美国、澳大利亚、加拿大等国劫持人质，在中国收取赎金或者在中国绑架人质，在他国收取赎金的跨国绑架犯罪。这预示着我国绑架犯罪活动将会向国际化趋势发展，其犯罪区域不断拓展。同时，国际绑架犯罪集团将不断地向我国拓展其犯罪空间，境内外犯罪分子相互勾结，里应外合，有组织地实施绑架犯罪，其相应的犯罪后果也将愈来愈严重。对此，我们应该预先做好准备，采取相应的措施加以控制与防范。

参考文献

1. 肖中华. 侵犯公民人身权利罪 [M]. 北京：中国人民公安大学出版社，1998.

（本文原载于《政法学刊》2003 年第 6 期）

公安机关打击知识产权犯罪面临的问题及对策

方新文　梅文斌

知识产权在WTO（世界贸易组织）中与货物贸易、服务贸易一起构成WTO的三大支柱，如何保护知识产权是WTO规则的重要内容。入世后，我国如何根据《与贸易有关的知识产权协议》（Trips）的规定，加强知识产权的保护工作，将成为我国政府和国际社会关注的一个重大问题。对照Trips有关规定和WTO成员方保护知识产权的状况，入世后我国必须进一步加大对知识产权的保护力度，严厉打击知识产权犯罪活动。因此，加强打击知识产权犯罪是摆在公安机关面前的一项重要任务。

一、对入世后知识产权犯罪状况的预测

（一）知识产权犯罪活动进一步加剧，犯罪案件整体呈现高发态势

入世后，我国社会经济将进一步融入国际经济一体化进程中。伴随着世界知识经济的发展和我国科教兴国战略的进一步实施，由发展以土地使用权、所有权为核心的农业经济和以资本为核心的工业经济，逐步过渡到发展以知识产权为核心的知识经济，将成为我国经济发展的重要特征和基本趋势。通过侵犯知识产权牟取暴利，将是犯罪分子关注的新领域。由于历史的原因，我国知识产权制度建设起步较晚，把严重侵犯知识产权行为作为犯罪处理，也只有二十多年的时间。社会公众保护知识产权的意识不强，保护知识产权相关部门知识、经验不足，知识产权保护工作较为落后，配套的法律制度也不完备，加上我国经济领域中有失规范的现象严重，使犯罪分子有机可乘。扩大开放在促进经济发展、科技进步、文化交流和国际合作的同时，也为境外犯罪分子入境进行知识产权犯罪提供了条

件和机会。因此，我国入世后的一个相当长的时期内，知识产权犯罪总量会不断增多。

（二）犯罪规模扩大，涉及面更广

当前，我国知识产权犯罪的主体主要是个人和中小企业；犯罪侵犯的主要是国内企业的驰名商品；犯罪分布的地区主要是经济、科技、文化相对发达的省市，北京、上海、江苏、广东四个省市发生的侵犯知识产权案件约占全国的四分之一。入世后，随着我国与 WTO 成员方之间非关税贸易壁垒的作用逐步减弱，中外经济、科技、文化交流日益频繁，知识产权犯罪规模将逐步扩大，犯罪涉及面更广。一是犯罪地区扩散，分布均衡。入世后，随着国内各地区对外开放步伐的加快和西部大开发战略成效的显现，各地区之间经济、科技、文化的差距逐步缩小，过去主要发生在经济发达地区的知识产权犯罪活动逐步向全国蔓延，甚至偏远、落后的地区也可能出现知识产权犯罪案件。二是涉外犯罪突出，单位犯罪严重。相比于 WTO 成员方的企业，我国企业大多规模小，效益差，研发能力弱，面对入世后的市场冲击，个别企业无力开发自己的拳头产品，参与市场竞争，可能会因此急功近利，把目光盯在国内外驰名商品和市场中利润丰厚的产业上，不仅侵犯国内企业和个人的知识产权，而且侵犯国外企业和个人的知识产权，给权益人造成损失。

（三）犯罪对象出现新变化，并可能侵犯法律未能及时保护的新的知识产权客体

入世后，科技对经济发展的作用日益显现，知识产权犯罪形式将发生重大变化，犯罪由主要集中于生活消费方面，如假冒名烟、名酒、化妆品、食品、日用品等，向生产、服务领域蔓延；由主要是通过直接假冒商标，销售伪劣产品，侵犯企业的商标权，向主要是通过盗用他人专利、著作权、非法使用他人商业秘密，生产和提供质优价廉的产品和服务转变。知识产权犯罪侵犯的对象将远远超过传统知识产权的范围，企业的专利权、著作权、商业秘密以及以知识产权形式表现出来的高新科技成果，如数据库、集成电路布图设计、计算机技术及软件等，将成为知识产权犯罪侵犯的主要对象。同时，随着科技的进步，知识产权客体范围有不断扩大化的趋势。对这些新的知识产权客体，法律可能未能及时予以规范和保

护，但由于它们能带来巨大的财富，不可避免地成为知识产权犯罪侵犯的对象。

（四）伴随着犯罪对象的变化，犯罪手段日益智能化、高科技化

一是犯罪主体的智能性。相对于传统的犯罪形式，知识产权犯罪以技术、信息的掌握为前提，多采用高科技手段作案，是典型的“白领犯罪”。如能够侵犯计算机软件著作权的犯罪人，大多是有机会操纵并接触计算机程序的设计人员，或者计算机管理、操作、维修人员。二是犯罪活动更为隐蔽。以高新技术为主要内容的知识产权具有无形性、流动性、非消耗性，即它是无形的，能不断流动和传播，形成后便是一种不枯竭的资源。知识产权的上述属性决定了知识产权产生后，其所有者很难对其控制，犯罪分子侵犯知识产权后，不造成知识产权载体的任何破坏，甚至未使其发生丝毫改变，作案后可以不留痕迹。此外，由于境外犯罪分子入境进行知识产权犯罪和现代资讯的不断发展，犯罪手段迅速传播，提高了知识产权犯罪的智能化、高科技化的水平。

二、打击知识产权犯罪面临的问题

（一）缺乏一支高水平的打击知识产权犯罪的专业队伍

虽然公安机关已有了打击计算机违法犯罪的计算机监察队伍，但保护各类知识产权的专业侦查人员队伍尚未建立，现有的肩负打击知识产权犯罪的侦查人员的素质也亟待提高。这主要表现在以下几个方面：一是知识产权犯罪的案件分属不同的警种、部门管辖，相互协调、配合的机制不够完善，不利于严厉打击犯罪。二是侦查人员的知识结构还不能适应打击知识产权犯罪的需要。由于各种原因，公安机关的侦查人员大多只接受过常规法律知识和侦查技能的培训，缺乏打击知识产权犯罪的专业知识，搜集和分析知识产权犯罪信息的能力较差，犯罪侦查工作在一定程度上存在外行查内行的问题，侦查工作总体上跟不上犯罪的变化，不能适应打击知识产权犯罪的实际需要。三是侦查人员的法律素质有待提高。随着科技的不断进步，作为科技成果保护载体的知识产权对象不断扩大，知识产权法律、法规更替速度快。同时，在侵犯知识产权活动中，违法与犯罪交织，

情况复杂，罪与非罪的界限较难把握。这就要求侦查人员必须具有知识产权法律知识和相关的法学理论，提高自身的法律水平，但侦查人员中安于现状，凭经验办事的现象仍比较突出，这不仅影响侦查人员法律素质的提高，而且会因此造成侦查办案工作的人为失误。

（二）法制不健全，法律漏洞多

一是现行刑法对知识产权保护范围过于狭窄，还不能覆盖知识产权的重要内容，主要表现在：对假冒驰名商号的行为未纳入犯罪范围，对销售侵权复制品罪要求“违法所得数额巨大”，条件过于严格，限制了打击范围。二是司法解释工作滞后，远远不能满足打击知识产权犯罪的需要。依照刑法的规定，知识产权犯罪行为不仅要符合相关的罪名构成要件，而且要具备“数额较大”、“数额巨大”、“情节严重”、“造成重大损失”、“造成特别严重的后果”等定罪处罚条件，如不符合上述条件，只能作为侵权行为处理。除著作权犯罪外，其他知识产权犯罪相应的司法解释未能及时出台，而现行刑法的相关规定过于笼统，可操作性不强，知识产权犯罪的认定缺乏标准，罪与非罪认定较难，因此造成公、检、法三家在此问题上分歧，难以形成执法共识。三是单一的刑法典模式客观上不适应同复杂多变的知识产权犯罪作斗争。一方面刑法典通过犯罪客体分类的办法将知识产权犯罪规定在统一的刑法典中，描述过于简单、原则，难以实现罪刑法定原则所要求的罪与罚的具体化、明确化，造成虽有刑法，却很难为司法实践提供可操作的法律依据的状况。另一方面，刑法典自身需要保持相对稳定，与知识产权犯罪变化快、不断出现的犯罪形式和新的犯罪对象需要及时修订刑法规范的客观实际相矛盾，造成知识产权犯罪案件侦办过程中无法可依和有法难依的困境。

（三）犯罪活动情况复杂，调查取证难度大

一是是否侵犯知识产权难以认定。在知识产权保护制度中，允许通过反向工程（对他人拥有知识产权的产品进行解剖和分析，从而得出其构造、成分以及制造方法或工艺的行为）使用知识产权，也允许在未使用他人知识产权信息的前提下，研究出与他人知识产权内容完全相同的知识产权产品。因此，认定是否侵犯知识产权，必须运用复杂的技术手段，在排除反向工程和同步研究取得知识产权的基础上，认定行为人如何通过使用他人研究成果，侵犯知识产权，这显然是非常困难的。二是认定侵犯知识产权的犯罪证据难以收集。以高新技术为主要内容知识产权，技术系统复杂，被侵害后，很少留下痕迹、物证，即使留下些微证据，也容易灭失，使侦查人员难以分析和识别犯罪手段，增加了认定知识产权犯罪的难度。三是跨地区跨国犯罪突出，给公安机关调查取证工作带来困难。从司法实践看，知识产权犯罪技术性、专业性强，犯罪活动隐蔽，证据数量及其暴露程度有限。部分知识产权犯罪案件往往只抓住个别从犯，主犯在逃，并带走犯罪证据、作案工具和赃款赃物。因此，使公安机关难以取证，也给查明案件事实带来极大的困难。同时，境外犯罪组织成员采用新的作案方式和犯罪手段，且这些作案方式和手段不断为境内犯罪分子借鉴、仿效，而公安机关的侦查技能、手段往往难以及时跟上，从而加大了知识产权犯罪取证工作的难度。

（四）现行的诉讼机制及外部执法环境存在诸多不利于犯罪侦查的消极因素

一是公安机关侦查知识产权犯罪具有一定的被动性，往往因此延误了侦查破案的时机。按照刑事诉讼法的有关规定，知识产权犯罪案件属于自诉案件，受害人既可以向人民法院提起自诉，也可以向公安机关控告，且受害人向公安机关控告是立案侦查的前提。知识产权犯罪案件的受害人发现被侵害后，往往单纯从维护自身利益出发，顾及商业信誉及秘密，并担心案件公布后，犯罪手段可能会被其他犯罪分子如法炮制，引发更多的同类案件，很少及时向公安机关告发。同时，有的知识产权犯罪案件与受害单位负责人“收取好处费”、“回扣”等商业贿赂行为有关，他们害怕报案后“拔起萝卜带出泥”，自己的犯罪行为被暴露，因而不愿向公安机关控告。二是公众对知识产权犯罪活动的社会危害性认识不足，致使知识产权犯罪案件取证难。由于历史的原因，我国对知识产权保护的刑事立法起步较晚，又由于我国长期受“左”的思想干扰，曾经批判资产阶级法权和知识私有，在人们的头脑中普遍形成了一种根深蒂固的认识，对使用知识产权未经许可和不付费习以为常。社会公众认识不到知识产权犯罪的社会危害性，缺乏对知识产权犯罪活动“人人喊打”的疾恶如仇的执法环境，这既影响了犯罪人认罪伏法、主动交代罪行，又使证人缺乏依法作证的积极性。三是地方保护主义作祟，这也是影响公安机关打击知识产权犯罪力度的重要原因。一些地区、部门的领导和群众法制观念、全局观念淡薄，为了小地区、小部门、小集体的利益，不惜充当犯罪的保护伞，对知识产权犯罪活动采取放任和袒护的态度，有的甚至与犯罪分子相勾结，运用地方权力，设置重重障碍，阻挠对知识产权犯罪的查处。入世后，地方保护主义如不根绝，公安机关查处知识产权犯罪工作将因此受到不利影响。

三、打击知识产权犯罪的对策

（一）提高认识，加强领导

（1）把打击知识产权犯罪工作摆上重要议事日程。公安机关要从讲政治的高度，充分认识到入世后知识产权犯罪不仅严重侵犯产权所有人的合法权益，扰乱国家经济秩序，而且会造成国际社会的不满，损害国家声誉。增强保护知识产权的思想观念，切实加强领导，采取强有力的措施，认真做好知识产权犯罪侦查工作。公安机关的领导要经常了解、全面掌握本地区知识产权犯罪形势及打击工作的总体情况，定期研究和部署工作方案，突出重点，抓住关键，集中力量办大案。积极研究解决办案中遇到的困难和问题，建立和落实领导工作责任制与办案责任制，加强督促检查，确保打击工作取得实效。

（2）争取党委、政府和有关部门的支持，做好打击知识产权犯罪的各项工作。要主动汇报有关打击知识产权犯罪的工作情况，积极争取支持。对涉及有关部门和工作难度大的问题，要请党委、政府的领导出面协调，帮助解决困难，破除地方和部门保护主义，为打击知识产权犯罪创造良好的条件。

（二）加强侦查人员队伍建设，全面提高素质

知识产权犯罪属于智能型、高科技型犯罪，侦查过程中涉及的知识面相当广泛，而现有的侦查人员素质普遍偏低。为此，有必要加强侦查人员队伍建设，全面提高素质。一是组建保护知识产权的专业警察队伍，避免多头管理，各警种、部门互相推诿、扯皮现象。二是加强培训，全面提高侦查人员素质。要按照讲求实效、急用先学、逐步提高的原则，培养精通法律、精通与知识产权相关的专业技术和外语的复合型人才。三是加强引

进知识产权人才、高科技人才和外语人才，充实侦查队伍。

（三）改革侦查工作方式，建立有利于打击知识产权犯罪的侦查机制

（1）优化侦查配置，建立探长办案责任制。可借鉴人民法院和人民检察院推行的以办案责任为中心的主审法官制和主诉检察官制的做法，建立探长办案责任制。建立探长办案责任制的关键是授权主办案件侦查的探长，采用竞争上岗的办法，赋予侦查破案的决策和指挥权，并对案件的侦破负责。

（2）建立科学的考评机制，规范侦查工作行为。探长必须和其他侦查人员一起研究案件，制订详细的侦查工作计划，对侦查内容、实施方法、行动管理、指挥联络以及对证据的调查与收集等问题作出详尽的说明，并录入电脑备查。侦查结束后进行检查和考评，检查和考评结果作为评价侦查人员工作成绩的依据。

（四）加强知识产权犯罪案件的侦查取证工作，进一步提高证据的发现率、证明力

（1）树立为诉讼取证的全局观念，全面及时收集犯罪证据。在侦查活动中，加强取证的针对性，按照知识产权犯罪的构成要件，将要查证的案件事实细化为若干证据种类，及时全面地收集和提取，形成一个完整的证据体系。克服为破案而取证的片面观念，将侦查取证的视线前移，站在有利于起诉、审判的高度全面收集证据、审查证据，使侦查取得的证据符合起诉、审判的要求。

（2）依法适用强制措施，加强追捕和审讯工作。根据犯罪嫌疑人的罪行及其人身情况，果断地采取相应的强制措施。对拘留期限届满的犯罪嫌疑人，可采取取保候审、监视居住的措施加以控制。对负案在逃的犯罪嫌疑人，采取多种措施，尽快将其缉捕归案。在审讯中紧扣犯罪构成要件，加强审讯的针对性，有重点地审清对案情有用的事实，力求证据扎实、严谨。

（五）动员全社会的力量，积极同知识产权犯罪作斗争，为侦查取证工作创造条件

要大力开展法制宣传教育，增强群众的法制观念，使之充分认识知识产权犯罪的危害性和打击知识产权犯罪的必要性、重要性，提高公众同知识产权犯罪作斗争的主动性和积极性。同时，知识产权犯罪侦查部门要主动与有关部门联系，在加强公安机关各警种之间的配合与协作的基础上，逐步建立起与工商、专利、科技、版权、文化、技术监督等部门的信息传递、联席会晤、线索协查、案件移送等方面的工作机制。充分利用其他部门的技术、专业优势，加强对知识产权鉴定和财产损失鉴定的运用，发挥其对认定犯罪的作用。

（六）进一步完善打击知识产权犯罪的法律制度

（1）调整刑法对知识产权保护的重心，扩大保护的范围。从发展市场经济，加强我国与 WTO 成员方的经济、技术合作，保护财产所有权的角度出发，我国刑法保护知识产权的重心应当由着重保护社会经济秩序向保护知识产权所有人的产权方面转移。为此，可考虑降低犯罪的立案标准，扩大刑法对知识产权的保护范围，对刑法没有规定的假冒驰名商号的行为纳入刑法的范围。

（2）落实罪刑法定原则，制定打击知识产权犯罪的单行刑事法规。尽快制定打击知识产权犯罪的单行刑事法规，使知识产权犯罪的表现形式与有关法律规定尽可能一一对应，为司法实践提供操作性强的定罪标准，实现真正意义上的罪刑法定。制定刑事法规要做到立法语言确定、规范，避免引起歧义。

（3）加强司法解释工作，增强法律的可操作性。对刑法条文中与知识产权犯罪有关的“情节严重”、“造成特别严重的后果”、“数额较大”、“数额巨大”、“造成重大损失”等定罪必备情节作出司法解释，以满足司法实践的迫切需要。在单行刑事法规出台前，可通过司法解释对知识产权犯罪的表现形式、犯罪的对象、立案标准、犯罪的特殊形态（如未遂、共犯、数罪）以及对知识产权犯罪如何认定和具体适用法律等问题作出符合实际的明确规定，切实增强法律的可操作性。

（4）建立强制作证制度和举证责任倒置制度，明确证人作证的权利义务，对拒不作证或有意作伪证、假证的应予以制裁，对拒不说明其使用的知识产权的来源的犯罪嫌疑人，推定其非法使用他人的知识产权。

参考文献

1. 任克勤. 经济犯罪案件侦查 [M]. 北京：中国人民公安大学出版社，2001.

（本文原载于《政法学刊》2002 年第 4 期）

论我国计算机犯罪的新特点及防范措施

周元建

一、引言

随着计算机技术的飞速发展和网络技术的广泛普及，特别是 INTERNET的广泛应用，人类社会进入了信息化时代，人类既有的社会经济结构、价值观念和生活方式都发生了深刻的变化。但是，就在全球上下感受信息化时代的诸多好处之时，非法入侵他人计算机信息系统，故意制作、传播计算机病毒，利用计算机实施金融诈骗、盗窃、贪污、窃取国家秘密等计算机犯罪活动也频频发生，给众多公司造成巨大的经济损失，甚至危及国家和地区的安全，成为困扰人们现代生活与生存的重大问题。维护计算机信息系统的安全和防范、打击计算机犯罪是世界各国关注的重要问题，也是一个十分复杂的课题。本文讨论我国在信息网络化进程中计算机犯罪的特点，并提出防范、打击计算机犯罪的一些举措。

二、计算机犯罪的一般特点

计算机犯罪与传统犯罪活动有很大的不同，它是一种高技术的犯罪活动，尤其是 INTERNET 上的犯罪已趋于国际化。尽管世界各国对计算机犯罪的定义和量刑有着不同的看法，但计算机犯罪的表现大致相同，从计算机犯罪的种种现象中，可以归纳出如下几个特点：

（1）犯罪人员的智能性。大多数计算机犯罪人员都具有相当高的专业技术和熟练的操作技能，作案前经过精心的策划，成功率高。1995 年曾有多达 25 万人次企图闯入美国五角大楼计算机系统，其中的 16.25 万人次获得成功。

（2）犯罪手法的隐蔽性。由于网络的开放性，可以使用匿名访问，犯罪作案不受时间、地点的限制，犯罪行为实施后对机器硬件之类的信息载体可以不造成任何损坏，甚至不留下任何痕迹，所以犯罪行为不易被发现、识别和侦破。尤其利用远程计算机通信网络实施的犯罪，罪犯往往难以追寻，破案难度大。据统计，在号称“网络王国”的美国，计算机犯罪的破案率还不到10%，其中定罪的不到3%。

（3）犯罪后果的严重性。与传统犯罪相比，计算机犯罪所产生的影响和后果要严重得多，计算机犯罪对知识产权、个人隐私和国家安全也带来了巨大的威胁，尤其是涉及国家机密或战略决策的计算机系统，一旦遭到侵犯或破坏，就可能给国家主权与安全带来灾难性的后果。如美国康奈尔大学的一名研究生曾通过全美最大的计算机网络系统，把自己设计的病毒程序输入五角大楼远景规划网络，导致美国军事基地和国家航天航空局的6 000多台电脑全部瘫痪，造成直接经济损失近1亿美元。

（4）犯罪行为的复杂性。计算机犯罪的动机有好奇、恶作剧、炫耀本领、恶意破坏、盗窃等等，与传统犯罪相比更为多样化。同时，由于计算机犯罪是一种新兴犯罪形式，相关的法律、法规并不完善，甚至存在法律空白，因而计算机犯罪在定罪和量刑上更为复杂，这实际上就为一些罪犯提供了可乘之机。另外，计算机往往只认口令不认人，要在法律上确定谁是真正的责任人十分困难。

三、我国计算机犯罪的现状及特点

我国的计算机犯罪案件数量随着计算机的广泛使用和网络技术的普及逐年上升。1987年底，我国破获的计算机犯罪案件仅7起，1990年为20起。自1994年4月我国计算机信息网络正式联入INTERNET以来，全国利用计算机网络进行各类犯罪的案件以每年30%的速度递增，仅1998年我国破获的计算机犯罪案件就达142起，其中利用计算机侵入金融系统犯罪活动尤其严重，占总数的61%。我国早期的计算机犯罪者除具有前述一般特点外，还有着自身的特点。我国早期的计算机犯罪者大多数是单位的计算机工作人员和与机器有关的人员；90%的计算机犯罪集中在金融系统，且大多数罪犯是金融系统内部工作人员；作案手法简单，方式隐蔽。但近年来，随着计算机网络的广泛应用，我国计算机犯罪有如下新特点：

（1）非法入侵他人计算机网络的“黑客”犯罪案件数量迅速上升。1998年4月，上海市抓获两名非法盗窃某证券交易所全部信息的“电脑黑客”，犯罪嫌疑人之一章某，19岁，就读于上海交通大学函授班；1998年6月，上海市公安局又成功侦破一起电脑“黑客”案件，犯罪嫌疑人杨某22岁，计算数学专业研究生，成功攻击上海某信息网络，非法使用该网络长达2 000余小时，造成直接经济损失1.6万元；1998年7月，江西省公安厅监察处首次成功破获一起“黑客”恶意攻击该省169台公众多媒体通信网络案件；同年9月，成都市公安局计算机监察部门破获了该市首例非法入侵他人计算机信息系统案件。

（2）出现了在INTERNET网站上泄露国家机密、制作与传播淫秽音像和图片的案件。1999年5月成都市首起网上泄密案告破，犯罪嫌疑人郭某，某研究所助理工程师，为炫耀自己在军事方面的知识，在互联网站BBS论坛上发表文章，内容涉及他在研究所工作期间了解到的我国新型战斗机的机密，被检察院以涉嫌泄露国家机密罪批准逮捕；1999年6月，广州市公安机关首次破获利用互联网制作与传播淫秽音像和图片案件。

（3）出现了利用INTERNET恶意攻击、侮辱他人的案件。1998年2月，甘肃省公安厅计算机安全监察部门首次成功破获匿名登录169公共信息网，制作发布信息，实施人身攻击的案件；1999年5月，山东省烟台市“烟台信息港”生活空间网站的留言簿上出现了“黑客攻击程序”，许多计算机无法正常工作而陷入死循环。警方在犯罪嫌疑人陈某的计算机硬盘上查到了对“生活空间”进行辱骂攻击的程序。

（4）犯罪手段先进。1998年9月，江苏扬州发生一起使用遥控发射装置侵入银行电脑系统盗取巨款案件，这是一起银行外部人员在异地作案得逞的案件。

（5）出现了作案的计算机犯罪团伙。1999年1月，广州铁路公安机关经过长达半年的缜密侦查，成功破获了一个非法侵入铁路计算机售票网络，伪造卧铺票的特大犯罪团伙。

四、防范和打击计算机犯罪的若干措施

鉴于我国计算机犯罪的现状和特点，可以采取以下四个方面的措施对计算机违法犯罪进行防范和打击。

（1）加强计算机安全知识和计算机法律知识教育，提高计算机使用人员的安全防范意识和法制意识。由于操作系统和网络本身的缺陷与漏洞以及电磁辐射等，计算机信息系统的安全绝不是万无一失的，相反，安全的威胁时时存在。纵观破获的犯罪案件，犯罪分子之所以成功，大多数是计算机使用部门缺乏安全防范意识，在网络安全防范上缺乏有效措施和必要的技术手段。1998 年 7 月成都市破获的“黑客”入侵华美计算机网络系统即是一例。因此，要加强计算机安全知识教育，提高广大使用者的安全防范意识和防范能力。另外，一部分计算机犯罪分子缺乏有关计算机法律和法规方面的知识，犯罪意识薄弱，他们往往出于好奇、恶作剧和炫耀本领而非法入侵他人计算机网络系统，因此，要加强公共信息网络有关法律的宣传和教育，让每一个公共信息网络使用者知法守法。

（2）加强计算机法律法规的研究，为打击计算机犯罪提供法律依据。为维护计算机信息网络安全，防范、打击计算机犯罪，我国先后颁发了《中华人民共和国计算机信息系统安全保护条例》、《中华人民共和国计算机信息网络国际互联网管理暂行规定》、《计算机信息网络国际联网安全保护管理办法》等法规，并在 1997 年修订的新刑法第二百八十条、第二百八十六条和第二百八十七条，确定了计算机犯罪量刑的三条五款。公安部信息网络安全监察局、部分省市公安机关制定了一系列安全监察工作条例、规定。这些法律、法规为维护计算机安全、惩治计算机犯罪提供了法律依据。但计算机犯罪毕竟是新兴的，特别是 INTERNET 上的犯罪更是国际性的，犯罪形式、犯罪手段仍在日益变化之中，这就要求我们研究网上犯罪活动的特点、手段和规律，及时发现犯罪分子作案的新方式，结合网络出现的新问题制定相应法规，研究如何就打击国际计算机犯罪的原则与其他国家进行国际协作等。

（3）加强计算机安全技术及计算机安全产品的研究，从技术上防范计算机犯罪发生。防止用户非法侵入网络（如病毒和黑客）和非法访问资源

（如盗用口令、账号和带宽等），不但可以保护计算机资源免受毁坏、替换、盗窃和丢失，提高计算机的安全，而且可以防范计算机犯罪。各部门要建立计算机安全管理组织并挑选计算机安全管理员，加强本身系统内的安全管理，采取多种技术手段，如用户（包括代理）之间的加密和鉴别，包括路由器技术、防火墙技术等，从技术上对犯罪分子利用先进技术和手段进行犯罪活动进行防范。有关部门和单位要有组织、有计划地研究安全问题，研究技术对策和防范手段，借鉴国际最新的研究成果，逐步发展我国自己的计算机安全产品，建立我国自己的计算机安全保护体系，提高计算机信息系统的抗入侵能力，从网络本身出发对计算机犯罪进行防范。

（4）充分发挥公安机关公共网络安全监察部门的职能，加强信息网络安全管理，提高网络安全技术防范能力，提高办案能力。公安机关公共信息网络安全监察部门作为计算机信息系统安全保护工作的主管机构，担负着依法对互联网实施安全管理、对计算机网络的安全进行保护和执法监督、防范和打击计算机违法犯罪活动的重要任务。全国公安机关公共信息网络安全监察部门在遏制计算机病毒和“黑客”对我国信息网络的侵害以及打击计算机违法犯罪等方面取得了显著成效，但在网络安全防范上仍缺乏有效措施和必要的技术手段、技术人员。公共信息网络安全监察部门应充分发挥职能，切实履行职责，加强互联网的安全管理，加大查处计算机违法犯罪案件的力度。研究反犯罪的先进技术和手段，不断提高办案能力。建立快速的反“黑客”攻击、反信息泄露等机制，这样才能有效、快速地打击计算机犯罪活动，确保信息网络系统安全。

（本文原载于《政法学刊》1999 年第 3 期）

警务制度与管理

现代国际警务制度特征初探

荆长岭

“现代”（modern）一词原意为现世的或近世的，它既可以作为一个时间概念，又可以作为一种价值尺度，用来指一种新的精神与特征。[1] 作为一种时间概念，它是指17、18世纪欧洲大陆启蒙运动以来的历史，尤其重视的是第二次世界大战以来的历史。作为一种价值尺度，它是指现代历史进程中“以人为中心”的理性精神，在社会领域主要是指体现在观念上、制度上、行为上的“以人的自由权利为中心”的价值体系。

“国际”一词有三种含义：①国与国之间；②世界各国；③国际社会，其成员包括国际组织、国家和国际意义上的地区。一国人士在使用国际的含义②或③时一般排除本国在内。本文在含义③上使用国际一词。

警务，英文为Policing，指全部警察行为的总和。[2] 国际警务制度，是指国际组织、世界各国和地区警察行为制度的总称。它有狭义和广义之分：狭义仅指国际组织、世界各国和地区法律层面的警察行为制度；广义是指国际组织、世界各国和地区以法律警察行为制度为主体的各种警察行为规范的总和。本文采用广义国际警务制度的概念。现代国际警务制度，是指西方启蒙运动以来，国际社会中“以人的自由权利为中心”的价值体系构建的各种警察行为规范。其特征主要表现在现代国际警务制度的价值取向（内在要素）和警察权力设置（指针对警察权力的种类、范围、运作方式和程序所建立的制度）、警察职责定位、警务行为制规、警务行为监督、警务效果评价方面（外在要素），这些标志着国际社会一种现代型警务制度的成形。

一、价值取向：人权保障与社会保护双重构造

自警察产生以来，警务制度的价值构造就一直以保护机能为主体，否

则警察就失去了自身存在的价值依据。但在不同社会形态中，警务制度的保护机能是以社会的整体为本位，或是以个体的人为本位。在中世纪的神权（崇尚宗教和国家对人的控制，排斥人的自然权利和理性）国家理念统治下，警务制度的保护机能是以社会的最高代表——国家为本位的，个体人的自由权利极不被重视。西方思想家在近代社会商品经济的基础上，对人进行了重新认识，把人从他所属的自然的、社会的复杂关系中解放出来，赋予人以中心地位。

就社会政治领域而言，近代以来的政治思想家如洛克、伏尔泰、孟德斯鸠把人所具有的生命和财产权利及参与社会活动的权利作为立国之本。在他们的政治思想中，人的中心地位就体现为运用理性的尺度来评判一切人的能动性，就是个人按照自己的正当权利进行社会活动的自由。于是在近代资产阶级宪政制度的建立过程中，无论是“社会优位型”法治模式的国家或“国家优位型”法治模式的国家，其总体价值秩序（即对不同主体价值取向的定位）都基本实现了“国家本位”向“个人本位”的位移，并使得警务制度的价值秩序从“国家本位”转移到“个人本位”上。警务制度保护机能的价值构造不再局限于保卫国家安全、保护社会安全一个维度上，而是建立在保卫国家、保护社会安全和保障个人的自由权利两个维度上，并在一定程度上实现了二者的统一和协调。

国际警务制度价值秩序中这种新型的“以人为本”的保护机能，主要包括三个方面的内容：①充分扩展警察控制犯罪的工具性价值，使社会一般人的人权少受犯罪的侵害。②完善警务制度的内在价值构造，使警察在运用法律打击犯罪，保护国家、保护社会的同时也保障犯罪嫌疑人的诉讼权利。如警察在控制犯罪嫌疑人之后必须告知其有沉默权、辩护权、聘请律师权等诉讼权利并保证其一定的生活待遇，不得运用非法方式取得口供等。③为实现警务制度的工具性价值和内在价值的统一，严格了警察权力、警察职责、警察行为、警务监督、警务评价的设置。

二、权力设置：实体分解与程序制约双构安排

与古代国家不同，现代国家的一大特点，就是运用法制对公共权力进行严格的控制，否则，公共权力就会走向反面，就会对社会利益和公民个

人的自由权利造成危害。鉴于警察握有包括人身强制权、武器使用权在内的广泛权力，理所当然应受到严格的控制。针对传统警察权力过于集中和自行处置，容易形成专断，侵害社会利益和人权的问题，世界许多国家在保障人权、控权、法治等原则的指导下，运用法律和内部规则对警察权力进行了不同程度的实体分解，并建立了相应的程序制约机制。

在权力实体分解上，首先，把古代侦查、预审、起诉、审判、执行一体化刑事权力体系“一分为三”或“一分为四”。几乎所有国家都把审判权交给法官；许多国家把预审权转交给检察官或法官；搜查权、逮捕权则一分为二，决定权由检察官或法官行使，执行权由警察行使；也有不少国家把通缉、窃听的决定权转交给法官或检察官的；甚至有些国家法律规定由检察官主导警察侦查活动；还有国家把拘留犯罪嫌疑人的场所由拘留所改在监狱。其次，把行政权中的保安处分权归属法院，把户籍身份证、出入境、消防等行政管理权归属其他行政部门。

在程序制约上，从20世纪60年代开始，首先是在美国，随后又在整个欧美国家开展了一场由程序正义理论指导下的“正当法律程序的革命”，重点是刑事诉讼和行政诉讼领域，到现在为止，程序正义理论已成为蔚然壮观的一个理论。今天在西方国家程序正义观念根深蒂固，并在宪法、刑事法、民事法、行政法、经济法中已进行了全面的立法和实施。这场革命后来也渗透到警务制度之中，不仅使法律警务制度程序化，而且促使了内部警务规则的程序化，无论是现代刑事警务制度，还是现代行政警务制度都凸显出程序化的特质。警务行为是否按正当法律程序和内部程序运作已成为警务行为是否具有社会正义性和达到警务工作质量的标准之一。

在刑事警务方面，无论是实行以公判为中心的弹劾型侦查制度的国家，或是实行以预审为中心的纠问型侦查制度的国家，都在本国刑事诉讼法中规定环环相扣的侦查程序制度。警察部门还制定了一系列与刑事诉讼法相配套的更加具体的内部侦查程序规则。用两套规则来规范警察取证权、搜查权、通缉权、逮捕权、拘留权的适用和告之犯罪嫌疑人有沉默权、会见律师权、保释权的义务。不按程序行使侦查权力，履行警察义务，侦查行为将视为无效，并追究有关行为人的责任。

在行政警务方面，目前虽尚未看到国际上有专门的警察行政程序法，但许多国家都把警察行政权纳入一般行政程序法的控制之列。如美国1946

年制定的《联邦行政程序法》，是一个“新颖全面，可在许多机构普遍适用的基本程序规则。”按此规定，警察行政权的运作也必须受到此法的制约。另外许多国家还设置了行政复议、行政诉讼等行政救济程序，以保障当事人的合法权益在遭受行政机关（包括警察）侵害时有补救的机会。警察部门也制定了一系列内部行政程序规则制约警员个人自行处理权的行使。如英国内政部在《执法标准》中规定的盘查程序，美国奥马警察局制定的《标准工作程序手册》，澳大利亚昆士兰州警察局制定的《运作程序手册》等。

三、职责定位：犯罪控制与为民服务二者兼顾

尽管各国警察法规对警察职责任务的规定多寡、繁简不同，但集中起来，警察的核心职责只有两大项：一是控制犯罪；一是为民服务。

犯罪是警察产生的社会条件之一，二者是共生的社会现象。过去、现在和未来，犯罪始终都是警察重要的工作对象，控制犯罪是警察保卫国家、保护社会安全、保护人权永恒的方式和途径。古代的、传统的警务活动是以突出警察打击犯罪职责为特征的。历史到了近现代，许多国家认识到在工业化、城市化的社会里仅靠单一的打击不能有效减少犯罪，于是便在警务制度中设置了警察预防犯罪的职责任务。二者合起来就是现代警察控制犯罪的概念。

把为民服务作为警察的职责任务是现代西方国家中市民社会在“人权”的大旗下提出的强烈要求，也是西方民主机制的一个成果。根据马克思主义的观点，自从私人利益和阶级利益产生后，社会就分裂为市民社会和政治国家两个领域。但是市民社会和政治国家这种逻辑上的分离并不意味着它们在现实中始终也是分离的。恰恰相反，在前资本主义社会中，政治国家与市民社会在现实中是重合的，表现为一元的社会结构：国家从市民社会中夺走了全部权力，整个社会高度政治化，政治权力的影响无所不及，政治国家与市民社会之间不存在明确的边界，政治等级与市民等级合而为一，市民社会淹没于政治国家之中。[3]而警务活动完全是为了实现政治国家对市民社会的统治。市民社会与政治国家的分化，是资本主义市场经济的产物，是在资本主义时代完成的。市场经济要求从事经济活动的人

都是自由平等的主体，反对国家对经济的干预，使经济成为一个纯私人的领域。而且，政治国家是建立在市民社会之上的，并且为市民社会服务。个人自由权利和利益只有在市民社会中才能得以满足，并形成对政治国家的控制，进而形成对警察的控制，所以也就理所当然地要求在警务制度中增设为市民社会服务的内容。

警察出于改善警民关系和与市民共同预防犯罪的需要，也愿意为市民服务，于是在许多国家的警察法和警察规范性文件中规定了警察为民服务的职责任务。有些国家虽未明确规定但实质上已把为民服务作为警察的职责任务之一。美国律师协会提出的《关于城市警察职能标准》，将警察实际担任的角色列为 11 项。其中 4 项与打击犯罪有关，其余 7 项都是涉及与为民服务相关的工作。英国德文郡《警察见习官实习指南》中规定的警察作用：一是通过执法和预防犯罪来维护安宁。这时，警察是执法者。二是满足公众各种各样的需求。这时，警察是一种社会机关。每个见习官都应牢记，公众期待着警察去帮助他人，如果警察在某种特定的时间与场合不能提供帮助，警察必须马上与有关部门联系，提供帮助。所谓有效的警察服务就是满足公众的期望，而这种期望无所不包，充满所有人类的活动。《法国国家警察守则》在规定法国国家警察官员总的义务的 6 条中就有 3 条包含服务的内容。秘鲁国民警察法在第三条中明确规定国民警察为大众服务，在第十条规定的国民警察的 16 项职能中，属于服务方面的就有 8 项。

四、行为制规：整体统一与科层细化双向展开

现代国际警务制度渊源庞杂，令人眼花缭乱。总体来看，在制定警务行为规则，实现警务规范化过程中出现了两个趋势：一是世界范围内的整体统一趋势，一是各国内部的科层细化趋势。

在整体统一上，首先是联合国的贡献。自联合国成立以来，在联合国宪章确定的宗旨指导下（其宗旨是维护基本人权，维持人类尊严和价值，建立符合正义与国际法责任原则的秩序等），联合国大会和联合国下属机构尤其是犯罪预防和司法委员会进行了长期不懈的努力，制定了大量的涉及警务活动的刑事司法准则。到 20 世纪 80 年代末，联合国已经建立起了

相当发达的刑事司法准则体系。到20世纪末联合国已经在刑事司法的人权保障、国际刑法、司法和执法机关及人员工作规则、被害人权利和国际刑事司法合作等各个领域制定或认可了许多标准、规则和政策，供各国在立法时参照。其中与警务工作联系最密切的有《执法人员行为守则》、《执法人员使用武器和火器的基本原则》、《保护所有遭受任何形式拘留或监禁的人的原则》、《联合国非拘禁措施最低限度标准规则》、《反腐败的实际措施》、《综合性预防犯罪措施汇编》、《预防和控制有组织犯罪准则》、《打击国际恐怖主义的措施》等。其次是其他国际组织的贡献。如国际刑警组织的《国际刑事警察组织章程》、欧洲警察组织的《欧洲警察组织章程》，使加入国家的警务制度在某些方面实现了一定程度的统一和协调。

在科层细化上，世界各国警察部门经过长期艰苦的努力，制定了许多关于警务工作的规则、守则、准则、规范、指南等，使现代国际警务制度构成了以国际警务规则和本国警务政策、警务法律为主干的，以规则、守则、岗位工作标准等为支体的多类别、多层次、多形式的警务制度规范体系。所谓科层细化是指一个国家和地方警察部门对本国警务政策和法律警务制度进行的分类别、分层次的再规定，旨在使警务政策和法律警务制度细则化、明晰化、操作化。如英国许多郡的警察部门制定的《警察行为准则》或《警察手册》，这些准则或手册的内容涉及警务的方方面面，其目的都在于具体规范警察的行为标准；英国德州沃思堡警察局警察手则中的《武力等级运用说明》和中央计划及培训司制定的警察培训配套手册《访谈指南》；美国“国际警察局长协会”积30年之经验通过的《美国执法人员职业道德规范》；美国国家咨询委员会提出的《综合性限制警察权的标准》；奥马哈高警察局制定的《关于巡警对于学生拥有大麻的不端行为进行执法的自决权标准》；德克萨斯州警察局制定的《关于警察在执法过程中使用逮捕的自决权的准则》；澳大利亚昆士兰警察局制定的《审讯准则》；我国香港地区除了立法机关制定的《警察条例》外，警务处长还公布了大量的警察行为守则和警察通令，以规范警员的日常行为。

五、行为监督：内部监督与公众监督相互结合

传统的警务监督主要是依靠警察内部的监察机构进行的，后来又扩展

到司法机关，用司法行为控制警务活动。但随着形势的发展，司法监督的滞后性、局限性也越来越明显。现在西方国家越来越重视依靠内部与社会公众相结合的方式来监督警务活动。西方警学理论认为：社会控制并考察着警察和警务。在自由社会中，警务监督的最终责任在于普通的公众。这是民主理论的主要基础之一。从民主理论、社会和历史分析、政治学的角度看，公众的监督和控制是必不可少的。控制的关键在于公众自身行使控制的方法。[4]尽管各国公众对警务监督的具体方式方法不尽相同，但有两种常见监督模式，即正规控制模式和社区控制模式。

正规控制模式。这种模式是选举和民主进程的直接结果，它反映了多数人发挥作用的原则。根据这一原则，公众通过参与选举而从整体上行使自己的监督职责。作为选举的结果，权力机构代表民众行使他们的监督权力，表达民众的总体意愿。这种权力机构由四部分组成：选出的政体，包括地方和中央政府的行政和立法机构（市长、市议会及其他）；司法机构，包括法院和检察机关；管理机关，包括官员、委员会及由选出的政体任命的负责指导、考察和控制警察活动的组织（警政委员会、城市管理者委员会、民众考察委员会、民间冤情调查委员会、犯罪委员会、人事和预算部门等等）；最后是直言和寻证机构，包括新闻媒体和学术研究机构。

社区控制模式。为全面实现民主进程，弥补正规控制模式的不足，直接体现少数人和群体的利益，一种由公众直接参与的积极的控制模式是非常必要的。这种直接参与也许可以通过以下三类模式来进行：民事活动，如个别不满的表达和利益团体施加压力（一般都通过游行、示威、出版物、建立私人性质的委员会和组织等）；直接选举警察局长；通过邻里警务等方式参与警务政策的制定。

六、效果评价：客观指标与主观指标双项并举

传统的警务效果评价主要以警察的刑事警务为评价内容，以客观性的发案总数和破案数为评价指标。因这种评价是警察机关自己进行的，越来越显示出本身与社会公众脱离的局限性。因此，从 20 世纪 60 年代开始，在世界各国制定国家和社会发展计划方面兴起社会指标运动，先是美国，然后各国也兴起了制定社会治安指标体系。因这一体系中的一些指标直接

涉及警务工作，因而备受各国警界重视，把其中一些指标作为对警务效果的评价指标。

美国学者认为看一个社会治安好坏的指标主要是：①向警方呈报的罪案数；②报案率；③公共安全感；④老年、儿童、妇女这些易受害人的安全状况；⑤破坏公共或他人财物行为；⑥社会文明、礼貌；⑦社会服务；⑧普民关系；⑨社会隐退心理。英国埃塞斯特大学警学研究中心的约翰斯敦提供了英国学者在社会安全指标体系方面的研究成果。其内容除了与美国学者所述类似外，还加了英国人特别重视的两条：①公民权利的保护程度；②警察价值观与公民价值观的一致。这两点均与英国的历史、政治、文化密切相关。[5]

从以上指标体系的内容可以看出，涉及警务评价的指标有客观指标与主观指标两大类。把主观指标引入警务效果评价指标体系中，显示了社会对警务工作的价值期望和警务价值的多元化趋向。与传统单一的以控制犯罪、维护公共秩序为目标的评价指标体系相比，这种综合的评价体系，无疑更具有科学性，对促使警察改善自身形象、密切警民关系、提高服务质量、增强社会公众安全感也更具有意义。

综上可见，现代国际警务制度的建立和演进是以西方社会现代“人权”与“法治”思想为基础的，但这种演进的速度并不平衡。经过长期的努力，发达国家走出了传统“警察国家主义”（即警察保护机能以保护国家安全和利益为本位的警察观）的圈子，走上了“警察市民主义”（即警察保护机能以人权保障为本位的警察观）的道路，建立了一整套比较适合资本主义社会和经济发展的现代警务制度体系，在一定程度上实现了警察的阶级统治功能和社会服务功能的协调和统一。但资本主义的警察性质并未改变，警察作为和人民大众分离的公共权力的工具并未有实质性的改变。警察的阶级统治职能只是被社会服务职能遮掩而已。而一些发展中国家，由于其社会和经济发展水平尚处在较低层次上，民主制度不完善，警察文化中现代性含量低，因而其警务制度的现代化水平相对还比较低。警察的阶级统治职能和社会服务职能分离的情况还比较明显。

参考文献

[1] 常士．政治现代性的解构［M］．天津：天津人民出版社，2001.

［2］王大伟，付有志．世界警察理论研究综述［M］．北京：群众出版社，1998.

［3］陈兴良．刑法的价值构造［M］．北京：中国人民大学出版社，1998.

［4］赵可．国外及港澳台警察队伍廉政建设［M］．北京：中国人民公安大学出版社，1999.

［5］戴宜生．治安策论［M］．重庆：重庆出版社，1994.

（本文原载于《政法学刊》2002 年第 3 期）

澳门刑事警察组织架构及纪律制度

张杰炜

随着1999年澳门主权回归祖国的临近，内地及澳门跨境犯罪的增加，中澳警方的合作越来越多，我们应对澳门的警察体制有更深入的了解，以进一步加强双方的合作、协调，打击跨境犯罪的势头。1995年11月，笔者曾到澳门警方讲学，并对澳门警方的组织体制做了一些了解，现简述如下，以供参考。

澳门警察包括司法警察、治安警察以及水警稽查队等，本文所指的澳门刑警主要是指司法警察。1990年澳门组建了司法警察司，领导司警工作，根据《澳门司法警察司组织法》（1990年9月24日澳门政府令第六十一M号）的规定，澳门司法警察的性质、权限以及运作与内地刑事警察有相似的地方，但亦有所不同。

一、澳门司警的性质和权限

澳门司法警察司（葡文简写为P. J.）是由澳门总督管辖，负责预防及侦查犯罪、协助司法行政的机关。具体权限为：①在预防犯罪方面，司警负责监视和稽查有关的场所、物品、车辆及人员，以减少犯罪行为，促使市民采取预防措施或减少一些容易引起犯罪的行为及情况。②在刑事侦查方面，司警依法进行调查，并按照澳门刑事诉讼法的规定，对法官及检察官的请求给予协助，司警办案人员应采取一切必要、谨慎的措施，以保全查获的犯罪事实、资料及证据。③另外，司警还有一些特别的专属权限：①对罪行尚未完全查明，但应受重监禁或相等刑罚的犯罪人进行侦查。②对非法交易麻醉品及精神科药物的罪行进行侦查。③对伪造货币、信用卡、有价文件、邮票及其他等价物件及其行使者进行侦查。④对奴役、禁锢、绑架或挟持人质的罪行进行侦查。⑤对在信用机构或公共财政机关抢劫行为进行侦查。⑥对盗窃重大公共财产的犯罪进行侦查。⑦对犯罪或歹徒集团的侦查。⑧对在赌场或赌博场所做出的犯罪行为进行侦查。⑨对动物下毒的行为侦查。总之，经听取司警司司长的意见后，助理总检察长授权司警司，对特定种类的应引致重监禁刑罚罪行调查；或在其他情况下，认为犯罪的情况或对案件侦查的复杂性有充分理由的也采取同样的侦查工作。

二、澳门司警司组织及编制

澳门司法警察司下设厅级部门5个，分别是：刑事事务厅、行动资源厅、国际刑警分署、司法鉴定化验所以及管理暨计划厅。这些部门编制约350人左右，其人员分配于9个组别：①领导及指导（如司警司司长、副司长、厅长和处长等）；②刑事侦查；③助理刑事侦查；④高级技术；⑤资讯；⑥技术；⑦专业技术；⑧行政；⑨工人及助理。另外，司警司下设司法警察学校，专门培训司警人员，其权限及结构由法规另订。

（1）刑事事务厅。它是澳门警方专责执行犯罪预防及侦查工作和对司法当局提供协助的部门，该部门主要由侦查队及侦查单位组成，编制有220人左右，其人员包括总督察、一二等督察、副督察、一二等首席侦查员以及助理刑事侦查员等。在澳门，刑事事务厅是司警的主要业务部门，人数也最多，他们的刑事执法官员、刑事侦查员及助理刑事侦查员有专有的徽章或司警通行证认别，而其他非刑事侦查员类的公职人员，只有专有证件认别。澳门的刑事侦查人员是没有制服的，以便他们日常工作。

（2）行动资源厅。它是澳门警方负责对用作支援犯罪预防及侦查行动必需的资源进行管理及协调的部门，相当于内地警方的后勤装备部门。澳门司警行动资源厅包括警务记录暨情报处；无线电通讯组；安全、武装设备及运输组等。值得一提的是，在澳门担任警务工作之领导及指导人员、刑事侦查员及助理刑事侦查员，不论是否持有枪械执照，均有权拥有、使用及携带自备的自卫枪械，但必须申报，并有权使用及携带工作枪械，其口径及类型由总督以批示核准。

（3）国际刑警分署。它是澳门警方与国际刑警组织及其他国家、地区警方之间联系、协助的部门，其主要工作包括引渡、处理国际及跨境犯罪的情报、资料，以及处理非葡籍和华籍人士的驱逐令等。

（4）司法鉴定化验所。该所相当于内地警方的刑事科学技术鉴定部门，其主要进行生物、毒品、物理、化学、弹药、文件、器械等方面的分析、鉴定，并对与刑事犯罪有关的相片及图片进行专门性的研究分析工作。

（5）管理暨计划厅。它是为司警提供技术及行政协助、确保有关人力资源资讯系统及机关组织协调计划的部门，该厅下设组织计划暨资讯处、人力资源组、档案暨公共咨询组、行政暨财务组等。

三、澳门司警的纪律制度

澳门司警人员是公务员，他们除必须遵守澳门公职人员章程外，还须遵守以下特别规定：一是不得兼任，即司警不得擅自担任其他任何公共或私人职务。二是特别义务，包括：①依法对司法的管理给予合作。②防止任何滥用、不公正或排斥等行为，包括身体或精神上的暴力。③对市民有礼并随时向市民提供协助及保护。④不论是否当值，为维护法纪及市民安全应及时果断行动。⑤对人犯拘捕时，应表明身份，遵守及履行法定手续、期限和要件，并应保障被执行人士或人犯的生命及身体不受伤害，尊重其名誉及尊严，有可能时应立即抢救伤者。⑥使用枪械时，尽可能先警告后使用。三是司警极严重的违纪行为：①对所保护及监管下的人士滥用职权及做出不人道、不道德、歧视或侮辱等行为。②个人或集体不服从有关执法官员或指导人员，及不服从由上述人员下达的合法命令。③在应当提供协助的情况下不履行其责任。④从事未经许可的私人活动。⑤在工作时间内或经常醉酒及吸食毒品、麻醉品或精神科药物。以上极严重的违纪行为按照《澳门公职人员章程》第 315 条款的规定得处以强迫退休或撤职处分。

（本文原载于《政法学刊》1996 年第 1 期）

澳门国际刑警分署概况

宛融志

一、有关国际刑警的背景

国际刑警组织（全称为“国际刑事警察组织”，英文简称 ICPO），是一个世界范围内协调预防和打击国际刑事犯罪，能使不同国家的警察部门进行合作的国际性组织，截至 1996 年 10 月，国际刑警组织已有 177 个会员国，成为仅次于联合国的最大国际组织。

（一）国际刑事警察组织的历史发展

国际刑警的起源可追溯至 1914 年，其时 14 个国家的法律学者和警察在摩纳哥公国大公普林茨·阿尔贝特一世的倡议下，召开了第一次国际刑事警察会议。本次会议的主题是研究同刑事犯罪作斗争的对策，提出要加强各国刑事警察间的合作。本次会议决定于 1916 年在布加勒斯特举行第二次会议，以便正式创立国际性的警察组织，作为国际刑事犯罪的情报中心，为各国警方合作提供便利。

但由于随后不久爆发了第一次世界大战，致使第二次国际刑事警察会议未能如期举行。

1923 年，在奥地利维也纳警察局长舒贝尔的倡议下，在奥地利维也纳召开了第二次国际刑事警察会议。会议通过决议正式建立“国际刑事警察委员会”，并在维也纳设立一个常设机构，会议还制定了国际刑事警察委员会章程，并决定以后每年召开一次国际刑事警察会议。

这一时期国际刑事警察委员会得到了欧洲各主要国家的承认，成员国从原来的 17 个发展到 38 个。

1939 年德军占领了奥地利，国际刑事警察委员会在维也纳的总部无法正常运转，1942 年纳粹德国将该组织的总部迁往柏林，致使国际刑事警察委员会名存实亡。

1956 年，国际刑事警察委员会在维也纳召开会议。会议决定将国际刑事警察委员会更名为“国际刑事警察组织”，制定了新的《国际刑事警察组织章程》和《总规则》，确定了会旗和会徽。

1989 年，国际刑警总部迁至法国里昂。

（二）国际刑事警察组织的宗旨

国际刑警组织章程第二条明文规定了该组织的宗旨，其内容分为两项。

第一项规定为：“在各国现行法律的限度内并本着世界人权宣言的精神，保证和促进各国刑事警察当局之间尽可能广泛的相互支援。”

第二项规定为：国际刑警组织要“建立和发展可能有助于预防和镇压普通犯罪的各项制度”。

由于犯罪涉及的问题非常广泛而且相当复杂，各国在同犯罪作斗争中无论在本质还是在形式上都是在本国的法律范围内行事的，各国间的合作仅限于解决国际社会中公认的普通犯罪。因此，章程在第三条规定了一项重要的原则，即“严禁本组织进行政治、军事、宗教或种族性质的干预或活动”。这条规定属于国际刑警组织章程中的限制性条款，它是对国际刑警活动范围的限制。

（三）国际刑警的组织机构

国际刑警组织的机构有：全体大会、执行委员会、总秘书处、国家中心局和顾问。

全体大会是国际刑警组织的最高权力机关，由会员国代表组成。

执行委员会是国际刑警组织的议事、监督和执行机构，执行委员会由大会从代表中选出的本组织的主席、3 名副主席和 9 名执行委员会委员组成。

总秘书处是国际刑警组织的常设行政机构，由秘书长和受委任的技术人员和行政人员组成。

如果说国际刑警组织总秘书处是国际警务合作网的中心，各成员国的国家中心则是围绕并支持这一中心正常运行的网络支撑点。

根据国际刑警组织章程的规定，各成员国均需指派一个机构作为“国家中心局”。国家中心局从法律上说是各会员国的一个警察部门，但同时，又是国际刑警组织的法定机构。从国际体系来说，国家中心局是本国警察系统内的一个机构，它负责协调本国的警察部门。各国根据需要和可能设立相应的机构。国家中心局又是各会员国之间进行刑事警察事务合作的一个法定机构。任何一个会员国需与另一会员国的刑事警察进行合作，只能由本国国家中心局负责，国内其他机构无权要求别国的刑事警察当局协助侦查破案或其他有关事项，否则将构成越权行为。

从国际刑警组织体系来讲，国家中心局是该组织的一个职能部门。它是国际刑警组织的延伸，但并非国际刑警组织的分支机构。因此，在有限的范围内，各国国家中心局有义务与国际刑警秘书处保持密切联系，但无须受秘书处的行政指令的约束。各国国家中心局在活动过程中完全按照本国法律进行活动，对此该组织无权干涉。

（四）国际刑警各成员国的警务合作

互相交换、传递各种犯罪情况，是各国警务合作最频繁、最经常性的项目，国际刑警组织在里昂总部设立了庞大的随时更新的刑事犯罪资料库及先进的通讯中心，各成员国可通过该网络迅速查找有过国际犯罪记录的人员的资料或线索。

警务合作的目的在于打击犯罪，因而协助他国侦查犯罪案件也是一个合作领域。这种执法合作通常通过国际通报这一渠道进行的。

国际通报分为四个类型：

一是红色通报，通常称“红色通缉令”。因在通缉令的右上角标有一个红色方块而得名。红色通缉令是由经办的国家中心局长和总秘书处秘书长联合签发，各中心局可据此逮捕。

二是蓝色通报，是要求对某个要查明的嫌疑人的查询。

三是绿色通报，也称预防性通报，此通报多涉及危险的累犯分子，以引起各国警方注意并加以预防。

四是黑色通报，则是用于识别死者身份。

二、澳门国际刑警分署的设立

澳门国际刑警分署于1989年10月开始运作。根据国际刑警组织章程的有关规定，及葡萄牙政府与澳门政府鉴定的协议（刊登于一九八九年五月二日第一八/八九号政府公报的议定书），澳门国际刑警分署隶属于葡萄牙里斯本国家中心局。

澳门国际刑警分署的设立，引致澳门司法警察司的重组，为适应这一变化，加强各侦查单位之间的有效联系，澳门总督按照澳门宪章第十三条第一款的规定，制定了在澳门地区具有法律效力的第六一/九〇/M号法令，即《澳门司法警察司组织法》。根据第六一/九〇/M号法令，澳门国际刑警设于司法警察司内，该法令规定，司法警察司设有以下附属单位：A. 刑事事务处；B. 行动资源处；C. 国际刑警分署；D. 司法鉴定化验所；E. 管理暨计划处。国际刑警分署及司法鉴定化验所等同于处级。

三、澳门国际刑警分署的权限

根据第六一/九〇/M号法令的规定，澳门国际刑警分署的权限分为一般权限和特别权限。

澳门国际刑警分署的一般权限为确保刑事暨司法警察执法人和机关以及本地区其他公共机关与其他国际刑警办事处及国际刑事警察组织总办事处之间的关系。

澳门国际刑警分署的特别权限是指：

（1）按国家国际刑警办公室的指示，直接与一般权限中所述实体通讯。

（2）执行或推动由外地同类机构请求协助的行动。例如本项权限执行的最成功的典型就是1995年6月13日发生的震惊中外的“东星号”客轮海上千万元大劫案。此案在内地、港、澳三地警方的通力合作下，不到一周就全部破案。“东星号”客轮千万元大劫案的侦破是三地合作打击刑事犯罪的成功范例。但由于三地法律制度的差异，在案犯的刑事司法管辖权上产生分歧，使一些犯罪分子没有受到应有的惩处，甚至放纵了一些罪大恶极的犯罪分子，不能不令人遗憾。

（3）将引渡程序范围内执行的临时监禁的请求通知外地的刑事警察当局。

（4）根据外地有关当局为刑事起诉或服刑的目的，通过国际刑警要求寻找的人士，如符合引渡性质者，应协助拘捕或设法将之拘捕。

（5）推动经判决确定须被引渡者前往申请引渡国家的转移行动。

（6）对引渡返回本地区之行动给予合作及与外地有关当局议定执行之日期和方式。

（7）确保遵守来自国际刑事警察组织总办事处的工作方针。

（8）对经国际刑事警察组织通过的预防及遏止国际犯罪解决方法，提出应采用的措施。

（9）与外地的保安部队及部门建立合作关系，进行有关国际罪犯资料的交换及公布有利于警务的文件。

（10）当工作需要时，请求核准本地区警务执法人员前往外地，与有关当局进行必要的接触。

（11）对有关国际罪犯的文件进行接收、分类、处理、公布及归档。

（12）对无线电报及一切讯息确保编码及解码，并将之翻译。

值得一提的是，在澳门，所有的驱逐令须通告澳门国际刑警分署，但被驱逐者为葡籍或华籍人士除外。如有非葡籍或华籍的人士被拘捕或逮捕，警方及司法事务司应即时通知国际刑警分署，如释放或驱逐该等人士，最少须于二十四小时前发出通知。

四、一九九九年十二月二十日后的澳门国际刑警分署的法律地位

根据中葡两国政府关于澳门问题的联合声明，中华人民共和国政府将于 1999 年 12 月 20 日恢复对澳门行使主权。那么，1999 年 12 月 20 日后，澳门国际刑警分署的去留问题如何？关于这一问题，《澳门特别行政区基本法》已作出规定，即对中华人民共和国已参加而澳门也以某种形式参加的国际组织，[①] 中央人民政府将根据情况和澳门特别行政区的需要采取措

① 1984 年 9 月 5 日，中华人民共和国加入了国际刑警组织。

施，使澳门特别行政区以适当形式继续保存在这些组织中的地位。同时，1991年10月27日国际刑警秘书长办公室第15/D/STA/92号的通告指示，根据中葡两国政府已达成的协议，1999年12月20日，澳门国际刑警分署的法律地位将由葡萄牙里斯本国家中心局澳门支局变为中国国家中心局澳门支局。

（本文原载于《政法学刊》1999年第1期）

论交警部门发挥一警多能的优势和意义

何耀章　温永刚

随着商品经济的迅速发展，人、财、物流量的大量增加，交通运输已呈现空前的繁忙和拥挤，同时也显露了公路沿线治安防范的薄弱状况，随之而来的公路沿线盗窃、抢劫、勒索等谓之“车匪路霸”活动日益猖獗，给人民群众的生命财产带来极大的危害，对社会治安造成了严重的破坏，也给本来就警力不足的公安机关带来了新的困扰。

“车匪路霸”犯罪活动，具有夜间作案、偏僻路段作案、团伙作案和作案手段狡猾凶残等特点。从我市抓获的“车匪路霸”犯罪人员来看，多数是公路沿线的农民，这些农民法制观念淡薄，拜金主义、利己主义思想严重，多数又是好逸恶劳、无能经商或有劣迹的青年，他们利用过往长途客车上的旅客人地两生和丢财保命的心态，进行偷盗、抢劫、勒索等犯罪活动，其结果是得手快、侵财多。尤其在春节期间，对回乡探亲的港澳台同胞及华侨、个体客商下手作案，一夜便可成为万元户。如果对这些犯罪不能及时有力地给予打击，势必成为一批“害群之马”的黑社会组织。

为保护人民、打击犯罪、整治公路沿线治安秩序，保卫改革开放和经济建设的顺利进行，广东省公安厅决定把打击“车匪路霸”列入“严打”的一项内容，开展专项斗争、专项治理。梅州市公安局为了坚决打击“车匪路霸”犯罪活动，充分发挥了交警部门一警多能的作用，使交警队伍在维护交通安全的同时，担负开展打击“车匪路霸”犯罪活动的斗争，并已取得了明显的成效。据不完全统计，我市交警 1990 年以来抓获“车匪路霸”70 多名，协助其他业务部门破获各类案件 52 宗，狠狠打击了“车匪路霸”和其他犯罪分子的嚣张气焰。1992 年，我市发生“车匪路霸”案件 105 宗，破案 94 宗，破案率达 89.5%，这跟交警的密切配合是分不开的。

公安机关与“车匪路霸”犯罪活动作斗争，主要是以快取胜，以控制公路沿线为主要阵地。但目前甚至相当的一个时期，公安队伍不可能大规模地增加警力，经费开支也不可能有大幅度的提高，技术装配也不可能得到突破性的改善，在这种情况下要长期与“车匪路霸”作斗争，要提高对“车匪路霸”的打击力度，笔者认为充分发挥交警部门一警多能的作用，打击“车匪路霸”及其他犯罪是一个良策。其优势有三：一是交警部门有快速反应的能力。就我市情况而言，交警部门的干警较年轻，居住地相对集中，交通工具、通讯设施也优于目前刑侦、治安部门，具有人员集结快、行动迅速和信息灵通等优势。二是交警办公基地就在公路沿线，多数在交通要道上，具有缉捕、卡查、堵截等多方面的侦查手段，对“车匪路霸”易于人赃俱获。三是交警与人地两熟的派出所共同密切打击犯罪可以优势互补，同时良好的合作关系的形成也有助于交警以后与派出所配合，圆满、妥善地处理好发生在当地的交通事故。

交警部门发挥一警多能作用，还有利于交通安全管理，因为治安良好与交通秩序好是相辅相成的。有人曾统计过，在“车匪路霸”活动猖獗、治安问题突出的地区，其交通事故的发生率比其他地区高，因为司机每至该地段时担惊受怕，精神压力大，担心受“车匪路霸”袭扰，以致开快车或分心开车，希望尽快通过“危险地带”，这必然会影响驾车的安全。这几年我市的交通事故一直稳中有降，除了交警部门的努力外，我市良好的治安也是一个重要的原因。所以交警部门与其他业务部门共同维护好社会治安，从某种意义上来说，也是保证行车安全，从而也使交通管理工作的内涵及社会效益扩大。

从形势发展来看，交警部门的多功能化是大势所趋。为适应这个形势的需要，使之充分发挥一警多能的作用，还应继续解决如下几个问题：

(1) 要对干警加强整体观念和职业道德的教育。时下，社会上的党政机关流行着“多一事不如少一事”的论调，加之长期以来公安机构编制存在制约有余、配合不足的弊端，不少干警“纯业务”的思想严重，认为自己只管交通，治安问题不属于自己的业务范围，可以不管。他们没有充分认识到交警也是公安机关的一个重要组成部分，在人民群众心目中，不管你是交通警察还是治安警察，都是人民警察，如果出现治安问题袖手旁观的话，那么公安机关就会在群众中失去威信，为我们今后开展工作带来障碍。所以在平时的思想教育中应使之树立“人民警察”这个整体观念，使之对打击任何危害国家和人民群众的事都有强烈的责任感，自觉增强整体作战意识，处理好局部与整体、微观与宏观、分工与协作的关系，形成“案情”就是命令的思想，一有警报，迅速出击，争取战机。对作出贡献的要给予记功表彰，对贻误战机、造成严重后果的，也要追究责任，以调动干警积极性，这是保持强大生命力的关键所在。

（2）要增强装备，加强训练，提高反应能力和执法水平。作为交警部门来说，其车辆的机动性、通讯设施的灵敏性无疑是一流的，但是其武器装备却受限制，并非每个干警都持有武器，所以从治安形势的发展和要求其参与打击犯罪角度看，势必要增强其武器装备，才能达到震慑犯罪的目的。同时，由于各警种之间的差异，执法水准也有不同，若执法水平不高就常常会给工作带来被动，因此，交警部门平时要抓紧学习法律知识，做到学法、知法、懂法、守法、用法。领导层也要明确其执法范围和权力，切忌越权。比如将扣押的赃物、可疑人员要迅速移交业务部门处理等。另外，交警部门要认真研究可能面临的新情况、新特点，制定各种必要的预案，开展有针对性的训练和演练，以提高队伍的快速反应能力、紧急应变能力和自我保护能力。

（3）指挥机关要注意分清主次，不能滥用交警这支队伍。公安机关编配的每一警种应该说都是有其主要业务，这里说交警发挥“一警多能”并非指不分主次，丢掉自己的主要业务来做其他事，而是在管好本部门的主要业务的同时，有领导、有组织地配合其他业务部门，共同打击犯罪，实现维护社会治安的共同目标。交警部门对受理报警案件，要主动开展工作，同时又要及时移交有关部门处理；上路检查时，不要只是为管交通安全而执勤，也要有应付突发事件的准备。但作为公安指挥机关或指挥人员，只有遇到重大突发事件或涉及公路沿线需要交警部门配合的报警案件，才能指派交警部门配合，不要随意乱用、滥用，否则会适得其反。

公安机关是社会主义社会的上层建筑，是人民民主专政的坚强柱石。交警部门是公安机关的重要组成部分，在新的形势下也是交通线上维护治安的一支生力军，如何发挥交通道路的“守护神”在维护治安稳定中的重要作用，使这支队伍更加适应时代的发展需要，在广阔的天地里发挥其自身的优势，还要在多方面进行研究和探索。

一警多能对交警部门来说是如此，对其他警种也是如此，各级公安机关要充分发挥整体作战的能力，创造良好的社会治安环境，为经济建设作出新的成绩。

（本文原载于《政法学刊》1993 年第 2 期）

警察文化与教育

警察文化研究二题

张兆端

一、关于"警察文化"与"公安文化"

近年来，在我国警学界，对警察职业文化的研究和概括中，先后出现了两个范畴，即"警察文化"与"公安文化"。笔者认为，这两种提法既有联系又有区别，故二者不必强求统一，不能简单地用一种观念取代另一种观念。应当提倡百家争鸣，畅所欲言。尤其是在这种研究刚刚起步阶段，倡导一种民主的学术氛围是非常必要的。

"警察文化"与"公安文化"的共性在于二者均以警察为谈论的对象。其区别则在于二者认知视野和指代范围不尽相同。"警察文化"是一个综合性与开放性相统一的观念范畴。一方面，它是对古今中外各种性质、各种类别警察文化形态的高度综合和概括。它要研究古今中外警察文化发展的基本脉络和规律，为我国警察建设提供文化资源与启迪。另一方面，它既以研究我国公安机关的人民警察文化为重心，也应兼及其他部门各警种的文化。因为一个国家或社会的警种设置与划分本身就属于警察文化的范畴。我国的《人民警察法》总则第二条明确规定："人民警察包括公安机关、国家安全机关、监狱、劳动教养管理机关的人民警察和人民法院、人民检察院的司法警察。"

与之相比，"公安文化"则是一个相对封闭、狭窄的观念范畴。它仅仅限于指代"我国公安系统的社会主义物质文明和精神文明建设成果的总和"。

近年来，笔者在多篇文章中一直坚持运用和倡导"警察文化"范畴，主要是基于以下考虑：其一，"警察文化"作为一种综合性、开放性的认知观念，有利于我们开拓认知视野，打破我国警学研究传统的封闭性。如果将警察文化的研究视野仅仅局限于我国公安机关内部，自我封闭，以偏概全，既不对外联系、比较，也不总结历史，习惯于就公安谈公安文化，那就难以在认识上和工作上取得新的突破。其二，“警察文化”能够全面概括警察现象的内容和要素。在我国公安理论界和实践部门，多数同志习惯将“警察”理解为警察人员或公安干警。实际上，在中外警察法规和众多权威社科辞书中，对“警察”概念的界定是相当宽泛的，归结起来大体包括三个层面的含义：①指负责维护和控制社会治安的政府执法部门，即警察机关或我国的公安机关；②指负责维护和控制社会治安的武装性质的执法力量及参加这种力量的人员，即警察（公安）队伍及其成员；③警察机关、警察队伍实施治安行政管理和刑事执法职务活动的过程，即警察行为过程。因此，“警察文化”并不单指警察现象领域人的文化因素，同时还包含了警察物质文化、行为文化和制度文化等，它是一种完整的文化系统之称谓。其三，倡导“警察文化”易于与国际惯例接轨，便于促进国际警学交流。“公安”一词在西方尚用于指代环境保护等诸多社会公共安全事项，因而交流使用中易产生误解。我国“公安部”对外标准翻译为 Ministry of Public Security，所以公安一词就代表了警察，我国公安机关（人员）亦称“人民警察（机关）”。我国人大通过的是《人民警察法》，而不是《公安法》，公安部的最高学术团体称为“中国警察学会”，中国法学会下设“中国警察法学研究会”。公安部也已正式将“加强警察文化建设”列入“九五”公安工作纲要。事实上，许多国家的警察都有自己的传统称谓，但在对外交流中，一律以“警察”代替，即 Police。因此，倡导确立“警察文化”范畴，既不至于丧失中国特色，又便于促进国际警学交流。

二、关于警察正文化与负文化

人类社会产生了警察现象，就相伴产生了警察文化，一部警察发展史也就是警察文化发展史。中西方对警察现象的自觉性文化认知，并提出“警察（公安）文化”观念均始于 20 世纪 50 年代。然而由于民族文化传统和社会政治文化背景的不同，也决定了中西方警察文化发展的差异。我国目前的警察（公安）文化研究，主要侧重于从正面研究警察（公安）文化的本质、内容结构（包括广义的警察物质、行为、制度、精神文化层次或狭义的警察意识形态等）、功能作用（包括导向凝聚、激励约束，调节抵御等），以及如何通过警察文化建设加强警察管理、改善思想政治工作和文艺宣传工作等，我们可以称之为警察正文化研究。纵观英美50年代以来的警察文化研究，大多侧重于对警察负文化的考察分析，如警察对外脱离、敌视公众造成的孤独与对内产生共鸣强化而成的警察群体封闭性及警察保护主义、崇尚使用暴力、种族歧视、玩世不恭和专横性格、因循守旧、迷恋传统与经验、警察腐化、警察管理中的“官僚主义”以及歪曲、变更警察政策法律的基层警察负文化等等。

应该说，中西方之间对警察文化的研究既具有各自不同的优势，也都存在各自的局限性。由此，笔者认为，我们应当拓宽警察文化研究的视野，在坚持以研究警察正文化为核心的前提下，重视加强对警察负文化的研究。因为警察文化现象本身就客观存在着正负两种因素。警察文化研究的视角理应全面涵盖警察正文化与警察负文化两个方面。当然，研究警察负文化应以弘扬、传播警察正文化，批判、遏制警察负文化（如公安机关存在的刑讯逼供、“四难”现象、徇私枉法等违法乱纪和腐败现象）的生长和蔓延，促进人民警察文明建设为宗旨。具体说，研究警察负文化具有以下意义：首先，具有认识价值。从警察正文化的分析中去寻找其对立面和从对警察负文化的揭露中去发现警察正文化的尊严，都是认识警察正文化的途径。既从正面又从负面去探讨，才能更全面、更深刻地认识警察文化。其次，它具有加固警察正文化的价值。要使警察文明大厦坚固整洁，就必须经常清理大厦底部的阴沟。再次，它具有鉴诫价值。研究警察文化中的负面现象，可以使我国人民警察文化建设少走弯路。从这种意义上讲，警察文化研究能否在广度和深度上取得突破，关键在于我们敢不敢正视警察负文化的存在，在于能否深入探讨和把握警察负文化产生的根源和机制并制定出相应的遏制策略。我们再不能只习惯于“报喜不报忧”，在研究警察正文化的同时，绝不能忽视、回避对警察负文化的研究。

（本文原载于《政法学刊》1997 年第 1 期）

文化解读与经济犯罪的二律背反

张连举

人类通过勤劳与智慧创造了丰富灿烂的文化，文化又通过渗透作用影响和制约着人的行为取向。文化解读与经济犯罪在特定情况下是二律背反的关系。人对文化的解读既可能诱发经济犯罪，也可能抑制经济犯罪，最终又必将消弭经济犯罪。

一、文化的负向解读会诱发经济犯罪

经济犯罪是刑事犯罪中所占比例较大的一种犯罪类型。造成经济犯罪的因素是多方面的，其中对文化的负向解读乃是不容忽视的因素之一。如果某种文化信息被受体负向错误解读，就会产生恶性反应；如果这种文化信息暗示或昭示出一定的经济利益，就有可能诱发经济犯罪。例如，某地查处了一宗系列诈骗案件，案犯李某和郑某利用农民急于求富心理，在全国各地报刊电台刊播虚假广告，以假中药材种子骗取农民汇款邮购，从中谋利。被抓获后，李某竟对公安民警大发雷霆："我卖货，别人给钱，你们又不是工作人员，管得着吗?"郑某更是"理直气壮"："中央不是允许少数人先富起来吗？我干的这叫做众人抬一。"这里，行为主体在解读现代法律文化时，囿于个人素质，对政策的理解产生偏差，从而导致误读，因愚昧无知而犯罪。

人的行为是受人的思想意识支配的，而人之思想意识的好坏在很大程度上取决于周遭文化的濡染。文化视野中的价值观、幸福观、荣辱观有着不同的信息输出，负向解读就必然体认"人为财死，鸟为食亡"、"人不为己，天诛地灭"，形成拜金主义的价值观、享乐主义的幸福观、极端个人主义的荣辱观，为获得满足自己享乐欲望的中介物——金钱，而投机取巧，损公肥私，胡作非为，甚至拦路抢劫，图财害命，或者把自己的幸福建立在别人的痛苦之上，进行偷、抢、骗等经济犯罪活动。像“不捞白不捞，捞了也白捞，白捞谁不捞”这样的顺口溜就是对文化的负向解读，它的传播无疑会对腐败型经济犯罪推波助澜。例如，某位副部级干部入党五十多年来可谓功绩卓著，却在离休之前“捞了一把”，仅凭其打几次电话、批几个字就为女儿、女婿带来近三千万元的非法收入，以致半生功名毁于一旦。

文化承载着丰富的信息，源源不断地向外输送，不同的人对同一文化现象会产生不同的反应，从而导致不同的行为效果，乃至出现好的动机演变成坏的结果。犯罪主体完全可以根据自身的智力、体力、社会地位、生活经验及拥有的技术技能等条件，参照文化信息所提供的各种犯罪模式进行经济犯罪活动。有的犯罪分子在电视中看到有蒙面抢劫的犯罪情节就起而效法，有的看到某些书刊中对手法新颖的诈骗案件经过的详细描述便很快利用类似手法诈骗。例如，通过报纸电台报道了全国首例麻醉抢劫案，尽管该报道最后特别提醒公民和公安机关要引以为戒、加强防范，但有些人从中接收到新的犯罪信息，甚至加以演绎发挥，不仅麻醉抢劫，而且麻醉诈骗、麻醉强奸、麻醉杀人等相继出现，以致麻醉作案手法不断翻新、层出不穷。由此可见，文化的发展有时还为经济犯罪提供了新型的犯罪手段。像计算机、信用卡的普及产生了计算机犯罪、信用卡恶意透支犯罪这些新型犯罪也是十分典型的例子。

二、文化的正向解读会抑制经济犯罪

文化解读与经济犯罪在特定情况下是一个二律背反，文化解读既能诱发经济犯罪，也可抑制经济犯罪。如果某种文化信息被受体正向正确解读，就会产生良性反应，如果这种文化涉及灰色经济，就有可能起到抑制经济犯罪的作用。同一文化因输出信息不同或信息受体不同，必然导致这一文化对犯罪的诱发和抑制两种功能。这往往取决于受体自身的素质，因为不同的个体之间存在着或多或少的差异，这种差异使不同个体对同一文化的解读并非完全一致，接受者总是按照自己的口味与愿望来理解和选择信息内容。这与欣赏文学作品时的情形大致一样，“一千个读者就有一千个哈姆莱特”。诚如鲁迅所说，同是一部《红楼梦》，“单是命意，就因读者的眼光而有种种：经学家看见《易》，道学家看见淫，才子看见缠绵，革命家看见排满，流言家看见宫闱秘事……”

人创造了文化也受制于文化。文化对人的影响是巨大而深刻的，它会渗透到人的心理、精神等内心世界，也会超越时空而制约着人的行为取向。人的行为中总是有意无意地表现出对文化的体认和解读，只要正确地解读和选择文化情境，其行为就会符合行为规范，并且抑制违法犯罪，即使濒临犯罪边缘也会望而却步、主动收敛。在人之生理需求和社会需求中，经济要素有着较为重要的地位，我们摒弃“金钱万能”的腐朽观念，也批驳“金钱不是万能的，而没有金钱是万万不能的”之错误阐释，我们最为看重的是经济利益的合法获得，陷入经济犯罪的泥淖是我们最为鄙视和所要惩处的。行为个体的需求动机与文化定位一致时可能诱发犯罪，而不一致时就可抑制犯罪。譬如，一个执法者若将法律文化定位于“法律工具论”，则可能会从贪利出发做出贪赃枉法的行为；若将法律文化定位于“法律公平、正义论”，则与贪利的需求动机不一致，从而抑制或防止了他欲贪赃枉法的意识。

从文化解读的角度来说，欲抑制经济犯罪就应当加强不同文化机理的研究、阐释和宣传，以促进不同文化的融会和整合；就应当大力提高国民整体素质，消除文盲法盲，减少乃至消灭对文化的有意识及无意识的误读；就应当加强导向意识，引导公民正确解读文化，摒弃文化中的消极成分，以利文化受体正确地选择和利用文化。正像江泽民总书记所指示的那样：“以科学的理论武装人，以正确的舆论引导人，以高尚的精神塑造人，以优秀的作品鼓舞人”。这样便会提高文化受体的思想认识，使之树立热爱社会、造福人类的价值观，树立勤劳创造、合法致富的幸福观，树立国荣我荣、国衰我耻的集体主义的荣辱观。做到这些，经济犯罪就有可能得到有效的遏制。

经济犯罪同其他犯罪一样，乃是阶级社会特有的产物，随着私有制和阶级的产生而产生，也必将随着私有制和阶级的消亡亦即共产主义的最终实现而消亡，而这消亡还有赖于文化的提升与进步。按照马克思主义关于人类解放的学说，人类最终要从自然压迫和社会压迫中彻底解放出来，实现人的全面解放和自由发展，使人类从必然王国飞跃到自由王国。到那时，人类将会从文化上彻底清除一切自私和狭隘，使个人行为获得高度自由，人与人、人与社会、人与自然全都和谐统一，犯罪完全丧失了文化土壤，自会悄然退出历史舞台。从这个意义上我们不难领悟出，人对文化的解读体认既可诱发经济犯罪，又能抑制经济犯罪，最终必将消弭经济犯罪。

参考文献

[1] 谢子传．试论文化与犯罪［J］．中央政法管理干部学院学报，1999（2）．

[2] 陶连生．文化误读与行为失范［J］．福建公安高等专科学校学报，1999（2）．

[3] 严励，崔晓芳，祝大安．犯罪文化学［M］．北京：中国人民公安大学出版社，1996．

（本文原载于《政法学刊》2000 年第 1 期）

对新时期民警在职培训工作的思考

陈普宪

社会发展变化的速度越来越快，如何使我们这支百万警察的队伍适应新形势，完成好新时期的历史重任，大力加强公安教育培训工作是一个有重大意义的战略决策。在过去的几十年里，公安教育有了长足的发展，为公安队伍的革命化、正规化、现代化建设，为公安机关打击敌人、保护人民发挥了积极的作用，为公安事业发展作出了突出的贡献。但应该正视的是，公安教育培训工作与形势的发展，公安工作的需求，与发达国家的警察教育培训情况相比，在培训的观念、思路，培训的体系、运作模式，特别是在对公安民警在职培训规律的研究等方面仍存在一定的差距。我们不能允许保持甚至继续拉大这一差距，必须以改革的精神，站在新的高度去审视民警在职培训工作，以敢于创新的勇气去加快民警在职培训工作的发展。只有这样，民警在职培训工作才能适应新时期公安工作的需求。

一、加快民警在职培训工作是形势发展的迫切要求

公安教育起步于培训，有职前培训也有职后培训，主要还是职后培训。至20世纪70年代，公安学历教育陆续开始。到了80年代，特别是1984年第一次全国公安教育会议召开以后，公安学历教育得到了迅速的发展，公安队伍的学历结构也发生了令人瞩目的变化。到了第二次全国公安教育会议召开的1999年，公安队伍中大专文化的已达到33%，本科学历的达到5.6%，尽管与同为政法系统的检、法、司有比较大的差距，但与80年代初期公安队伍大专以上文化仅4.2%相比已经有相当大的变化了，因为这毕竟是一支百万人的庞大队伍。这十几年来，公安学历教育受到普通的重视，公安教育主体由职业培训转为以学历教育为主，以职业培训为辅。

公安学历教育受普通国民教育的影响很大，办学的规范化、科学性有所增加，民警在职培训也逐渐成为公安教育中非正规的次要的教育形式。

学历比例的增长对公安队伍战斗力的加强有着重要的影响。随着改革开放不断深入、经济快速发展、社会主义法制不断健全，社会各种矛盾也在不断显露，各种违法犯罪活动时有发生。公安队伍能顶住经济大潮的冲击，抵挡住形形色色的诱惑，经受了严峻的考验，这与队伍的整体素质的提高不无关系。

然而，社会的快速发展，治安形势的变化，公安工作的复杂性又决定了公安人才的培养、公安队伍建设不可能仅靠一次学历教育就可以完成，而是需要民警在职期间不断地学习，才能适应动态的公安工作的需要。人的一生要不断学习，才能适应社会发展，这便是20世纪60年代兴起的终身教育观念。民警在职培训便是实现终身教育的一个重要途径。

加快民警在职培训工作是公安机关的迫切要求。贾春旺部长在20世纪末召开的第二次全国公安教育会议上强调指出，在职民警培训对公安机关来说，是迫在眉睫，极为重要的。如果不大力加强这项工作，我们将很难适应越来越复杂、严峻的治安形势，也将难以完成党和人民赋予的任务。近年来，严峻的治安形势给公安工作带来了较大的压力。带黑社会性质的团伙犯罪、经济领域的犯罪、毒品犯罪、群体性治安案件、法轮功等案件，形形色色。要不断去研究其规律，公安机关才能克敌制胜，立于不败之地。通过一定时间有针对性的培训，往往能收到相当好的效果。如我省先后举办的缉毒、戒毒工作以及重、特大案件查破的培训，国内安全保卫工作培训，还有警察查缉战术培训、计算机技能培训、新法律法规培训等等。这些业务培训针对性强、目标明确，对打击犯罪提供了有力的支持。此外，公安机关改革不断深化。这几年各警种岗位轮换频繁，改变了一岗终身现象，而到了新岗位，少不了培训。新的招警办法的施行，至少有两点与民警在职培训有关：其一是未受过公安院校教育的新民警成分增大。2001年上半年广东省招警2 700多人，而广东省公安院校毕业生不足千人，专科层次仅500多人，另一部分是最后一批警校毕业生。这是近五六年首次出现的公安院校毕业生供不应求现象。其二，新招警办法的施行，必然令公安院校专业设置由培养专才逐步转为通才培养，以适合大多数公安岗位的需求。因此，这些掌握了公安的基本理论，基本技能的公安院校毕业生，到岗之后一两年也必然会有提高专业水平的需求。还应指出一点，目前公安队伍中有相当部分是非公安专业的。也就是说，这部分人的公安业务水平的提高仍需通过一定形式的培训才能实现。在全国第二次公安教育会议上公安部领导再次明确提出了“逢升必训”的要求。若按一年晋升警衔一次，仅此一项，我省每年至少有三万多民警要进行不同层次的培训。通过不断培训，民警学到了新的知识，理论水平提高，视野开阔，实战能力得到加强。

20世纪90年代中期以后，民警在职培训逐渐成为公安院校教育工作不可或缺的重要组成部分。广东公安高等专科学校1995年在职民警培训为739人，1996年为751人，1997年为848人，1998年为1 856人，1999年、2000年分别为2 028人、3 215人，5年内翻了两番多。公安院校学历招生1995—1997年一直只有300多人，1998—2000年虽有广东省警校并入及扩招等因素，但也只有550人左右，加上法学专业亦不到1 000人。这是因为公安学历教育规模受种种因素的制约较大，不可能扩招太多，只能适度发展。而培训作为短、平、快的教育形式，是公安院校拓宽办学路子，服务公安工作的途径。公安院校培训教育可根据不同时期公安工作的需求、特点，及时变化，灵活安排教学。学历教育则因为其专业知识结构比较稳定等原因，不可能一年一变。培训教育却可以做到一年多变，只要委培单位有这样的需求，就可以量身订造，设立某些科目，培养学生有其自身的知识结构。这样一来，又使得学校课程结构丰富多样，为新课程的开设，先行一步，起到了锻炼教师队伍，精选课程，优化教学内容一举多得的效果。培训教学对教师教学水平提高的促进也十分明显。培训工作还有利于加强公安院校和各级公安机关的联系与交流，使教师的锻炼、学生的实习更好地得到解决。总之，加快民警在职培训工作的发展既是公安院校的责任，亦是公安院校大展拳脚的机会。

二、必须加大民警在职培训工作改革的力度

民警在职培训发展有相当多的难题，有外部的，但主要是内部的，要给培训工作装上改革这一加速器，加快培训工作发展步伐才可能实现。

民警在职培训工作改革目前主要有两大内容：一是教学，包括师资队

伍、教学计划及内容、教材等等；二是管理，包括管理体制、管理模式、管理队伍、管理训练等等，这里主要谈谈培训教学改革。

培训师资队伍是首要的因素，没有好的师资，培训任务就无法完成。目前广东省公安教育系统有师资近900人，中级以上职称占60%，这支教师队伍是颇具规模的。但可以上培训班课的，而且上得好的，并不多。所以有的学校上培训课的往往就是几张“老面孔”。要改变这种状况，应采取优化师资组合和充分利用各种教学资源的做法。优化师资组合主要指按培训不同的要求，以最佳值来考虑师资的配置。新普培训要求学员掌握一定的公安基础理论、基本知识、基本技能，并不需要高、精、尖的东西。岗位培训最好能组织专业方面有实践经验，有相当的专业理论造诣和较强技能的教师。晋升培训则比较突出理论的教学，层次较高，新的知识比较多，主要是拓宽学员视野，使学员厘清职责，以区别不同工作层次的要求。优化师资组合，根据不同类型层次的培训对象安排教师，既解决了培训师资捉襟见肘的问题，又使许多教师得到了锻炼。

充分利用其他教学资源亦是非常重要的做法。这不仅是对校内师资不足的补充，而且不同的教学方式方法，不同的教学角度，不同的经历、身份，可以使师资组合富于变化，各显优势。较过去不同的是，现在公安机关受过高等专业教育的人多了，他们既有理论，又有丰富的实践经验，可以说是某方面的专家，稍做准备，就可以上讲台。这些人完全可以聘为客座教授，这其实就是今后公安培训师资队伍改革发展的思路与方向。

教学训练计划是实现培训教学目标的施工图。过去教学计划的制订大都根据培训时间的长短来“切蛋糕”：政治理论多少课时，法律知识、公安业务各多少课时，如此类推。计划中比较难体现出不同培训对象教学特色要求，教学内容交叉现象也就屡屡发生，教学计划的规定性、科学性、权威性、可操作性无法体现。这样教学目标实现与否也难以考察，总之是课排了，课讲了。培训课程也可分为专业基本课程和专业课程两部分。政治理论、法律、公安管理、查缉战术、法律文书以及一些警体课程等属专业基本课程。专业课程则指某类培训所特有的，有明显排他性的，体现该培训目标特色的课程。在制订教学计划时，要适当控制专业基本课程，突出专业课程，做到专业基本课程具体化，专业课程专题化。如某一培训班的法律课，教学训练计划不能只上法律课。首先要确定上些什么法律课，然后尽可能明确具体内容。所谓专题化，即专业课程按专题来安排，讲细，讲深，讲透。总之，使课程名称、要求尽可能具体化，尽可能摘掉大帽子，减少模糊不清的东西，如派出所长岗位培训教学训练计划，就有派出所警区勤务、安全文明小区建设、派出所改革、派出所文书写作等课程。这样做，教学训练计划突出了针对性，专业特色明显加强了，因而也就更切合实际，符合培训对象的特点和要求，最大限度地减少了内容的交叉重复。教学训练计划过去只称"教学计划"，其实公安在职培训实操内容应更多，所以名之以"教学训练计划"更合适。按公安部的要求，不同层次的培训，技能训练的比例不同。初级培训的技能训练比课堂理论教学的比例明显加大，培训层次越高，比例逐渐减小。这是符合公安工作实际的。一名巡警应掌握好基础知识、基本技能，而指挥员就要在此基础之上更多地思考宏观的问题，因而对相关理论要有更深入的认识。当然，不同专业的培训在技能和理论上有其各自不同的要求。

培训教材是提高培训教学质量又一关键因素。培训是围绕一定的需求进行的，但需求是在不断变化的。目前培训教材相对滞后，已是不争事实。有的培训目前没有很合适的教材，如戒毒、"610"工作等。因为大量的培训是根据实际需要而进行的培训，在这种情况之下，能反映实际情况，满足实际需要的教材（讲义、辅导资料）就更具实际意义，更具有实操性。

三、加快民警培训体系的建立

要加快公安培训工作的发展步伐，无疑有许多问题要解决，但主要的是重新审视民警在职培训工作的地位、作用及如何建立具有我警特色的培训体系等问题。

关于公安教育发展是走职业培训还是学历教育的路子，目前专家们见仁见智，各执一词。有的认为必须走学历教育之路，这有利于建立正规化的警队；有的认为职业培训是必然的归宿，这才是现代警察教育模式，国外警察教育大都如此。但不管哪一种思路，公安民警培训都应是公安教育的重要部分，不能认为学历教育才是正规，是正业，培训工作是游击队，是副业。祝春林同志在第二次全国公安教育会议上强调指出："普通公安院校要继续实行'双轨制'，坚持学历教育与职业教育并重，在完成好普通学历教育任务的同时，要积极承担在职民警培训任务，坚决克服和纠正那种认为在职民警培训是‘副业’，学历教育才是‘正业’的思想。”之所以存在“正业”与“副业”这样的认识，也与我们目前的培训工作不正规，随意性大有关。一块黑板、一支粉笔、几张桌子就可以办班的时代过去了，培训是终身教育的重要部分，不是权宜之计。民警在职培训是加强公安队伍建设、提高队伍战斗力的必要途径。通过一定形式的培训，既能使民警掌握新知识、新技能，又能帮助他们发挥潜力、拓展能力。因此，必须摈弃旧的观念、旧的做法。应在培训的机构设置、人员组织、教学安排、管理模式等方方面面按正规化、警务化、科学化要求去做。公安部领导提出了全警办教育的思路，不仅公安机关、公安院校的领导，民警、教职工也应该看到这样做的重要性。

建立起体现我警特色的培训体系，与加速培训工作发展步伐是并行不悖的。建立起体现我警特色的培训体系，是一个大的目标，我们应努力加快实现这一目标，我们若不加快培训工作发展就会因失去目标而变得漫无目的，以致半途而废。具体做法如下：

一是要分级分类管理。即将民警培训分为若干层次类别，有的属公安部负责，有的可由各厅、局或地、县（市）局负责。

二是培训必须与公安人事制度相衔接。

三是实行相对开放的培训模式。

四是发挥院校主阵地作用。

五是建立起一支真正的民警培训师资队伍。

民警在职培训正在成为或已经成为21世纪公安教育的热点，这并不是特别的预言。作为警察大省的广东，处在改革开放的前沿阵地，有着相当多的好条件，在诸多方面有着骄人的成绩，自然应该在民警在职培训这一工作中发挥优势，树立特色，作出应有的贡献。

参考文献

［1］陈乃林．论我国终身教育体系的构建［J］．江苏教育，1999（6）：39.

（本文原载于《政法学刊》2001年第4期）